安心感をはぐくむ
心の手当ての練習帳

浅野憲一

COMPASSION FOCUSED THERAPY
自己批判に対する
CFT プログラム
コンパッション・フォーカスト・セラピー

岩崎学術出版社

はじめに

　本書は患者さんを対象とした研究で使用されたリーフレットを元に作成されています。プログラムは全12回で実施され，1回60分のセッションを治療者と一対一で進めていくものでしたが，本書ではご自分でも進めることができるよう，可能な範囲で修正をしました。できれば訓練を受けた治療者と，それが難しい場合にはご自分で本書に取り組んでいただけるととてもうれしいです。

　本書で取り組んでいくことは大きく分けると以下の4つです。

1. 「心がなぜ苦しくなるのか」を理解する
2. コンパッションとはどんなもので，何の役に立つのかを学ぶ
3. コンパッションの育て方を体験する
4. コンパッションへの抵抗感とその事情を知る

　まず私たちの「心がなぜ苦しくなるのか」，そのメカニズムを学びます。ほとんどの人が日常生活の中で心が苦しくなる場面があるはずです。たとえ表面的には元気に見えたとしても，地獄の底に置き去りにされたような体験をしているかもしれません。ですが私たちは，その苦しみをお互いに話すことはあまりありません。そのせいか，他の人たちは平和で幸せそうに見えるし，自分だけが苦しんでいるように感じてしまいます。「心がなぜ苦しくなるのか」を知ることは，自分に何が起きているのかを知り，自分以外の人が似たような体験をしているかもしれないことに気づくことでもあります。
　次に，この本のテーマである「コンパッションとは何か」を学びます。コンパッションがどんなものなのか，何の役に立つのかを知ってもらった

うえで，ご自分の役に立ちそうかどうかを考えてみてください。そしてその後，コンパッションを育てるための具体的な方法をいくつか提案します。これは本当にいろんな方法がありますし，正解もありません。あなたにとって最適な方法を一緒に探せればと思います。

　コンパッションに対して抵抗感を感じる方々もいます。例えば，「自分自身を思いやりましょう」と言われたときに，どこか違和感があるかもしれません。「なんでそんなことをしなきゃいけないんだよ」「バカじゃないか？」と思うかもしれません。そうしたあなたの感覚も全く問題ありません。むしろこのプログラムはそういう方のために作られたものです。研究に参加した方もほぼすべて，抵抗感をお持ちだったと思います。少なくとも私が治療を担当した方はみなさんそうでした。こうした場合，その違和感が何なのかを知ることが助けになります。私たちの心が苦しくなるのと同じように，コンパッションに抵抗感を感じるのにも事情があるのです。その事情を知ってあげることで，見え方が少し変わるかもしれません。

　いちおう1〜4の要素がこのプログラムには含まれていますが，きっちりとこの順番で紹介するわけでもありません。あなたの体験に沿って，行ったり来たりしながら考えていく，そんなプログラムになっています。この本を読まれたあなたの体験はあなただけのものです。他の人はきっと違う体験をするでしょう。でもどこか，あなたの体験と似たような部分も持っているとも思います。p.153にはエクササイズの音声へのリンクも用意してありますから，必要に応じて使ってみてください。

　私たちがこのCFTプログラムの臨床試験（効果を検証するための研究のことです）を行っているとき，チームのメンバーはみんな「このプログラムが少しでも助けになれば」という思いを共有しながら取り組んできました。

　その時と同じように，この本の内容が少しでもあなた（とあなたの治療者）の助けになることを，心から願っています。

目 次

はじめに ──────────────────────────────── iii

第1回　厄介な脳とマインドフルネス ──────────────── 1
第2回　3つの円のモデルと呼吸法 ─────────────── 17
第3回　様々な感情を持った自分，安全な場所のイメージ ──── 37
第4回　コンパッションと自分の記憶 ──────────────── 49
第5回　コンパッションを持った自分と他者 ────────────── 61
第6回　コンパッションへの恐れ ───────────────────── 73
第7回　脅威の仕組み図 ────────────────────────── 85
第8回　自己批判の役割とコンパッション ─────────────── 97
第9回　自己批判からコンパッションへ　その1 ────────── 109
第10回　自己批判からコンパッションへ　その2 ────────── 119
第11回　コンパッションの手紙 ──────────────────── 127
第12回　プログラムの振り返りと今後の計画 ───────────── 143

プログラムを終えて ─────────────────────────── 151
引用文献 ──────────────────────────────── 153
あとがき ──────────────────────────────── 155

本文イラスト：猿田なつ奈

第1回 厄介な脳とマインドフルネス

　さて第1回です。このプログラムはコンパッション・フォーカスト・セラピーという心理療法を元にしています。長いですから，ここからはCFTと呼びたいと思いますが，「コンパッション」という言葉を皆さんはご存じだったでしょうか？　知っているからこの本を手に取ったのかもしれないですし，「なんじゃそりゃ」と思いつつ，とりあえず読んでいるのかもしれません。コンパッションは日本語では，慈悲，思いやりなどと訳されることが多く，優しさと同じような意味合いで使われることもあります。

　ではここで質問です。コンパッション，慈悲，思いやり，あるいは優しさと言われた時，あなたの心にはどんな言葉が浮かぶでしょうか？　あるいはどんな感覚，どんな気分になるでしょうか？
　もしよければ書き出してみてください。正しい答えはありません。連想ゲームだと思って自由に考えてみてください。

コンパッションと言われて，思い浮かぶのは……

次に，あなたの生活の中にコンパッションはあるでしょうか？　毎日過ごしている中で，あなたや周囲の誰かが，思いやりや優しさを示している場面はあるでしょうか？　こちらも少し時間をかけて思い出してみてください。

私の生活の中にあるコンパッションは……

　以下のそれぞれの質問についてはどうでしょうか？　普通に生活している中ではあまり意識しないことかもしれません。せっかくの機会なので，考えて，書きだしてみてください。

思いやりを持った人はどんな人でしょうか？

誰かが苦しんでいるときに助けてあげたことはありますか？

その時，なぜあなたは助けたのでしょうか

その時，どんな気持ちで何を考えていたでしょうか？

ひょっとするとすぐに答えが浮かばないかもしれません。そんな場合は，それぞれの質問を少しだけ意識しながら生活してみてください。新たな発見があるかもしれません。

● コンパッションとは

さてここからはこのプログラムではコンパッションをどのように考えているのかを紹介したいと思います。

CFT ではコンパッションを二つの側面を持った心理的機能であると考えます。一つ目は痛みを「感じ取る」という側面です。転んで膝を擦りむいた時に傷口を痛いと感じると思います。それと同じように，私たちは心が傷ついた時に痛いと感じます。それを感じ取ってあげることがコンパッションの第一の側面となります。二つ目は痛みを「和らげようとする」側面です。これも身体の例を挙げてみますが，身体のどこかが痛い時にその部分に手を当てて痛みを和らげようとしたり，絆創膏を貼るなどして痛みを和らげようとすると思います。辛い気持ちがある時にその気持ちをなんとかしようと，誰かに相談するかもしれません，あるいは気晴らしに出かけようとするかもしれません。これらはいずれも自分の心を手当てしよう

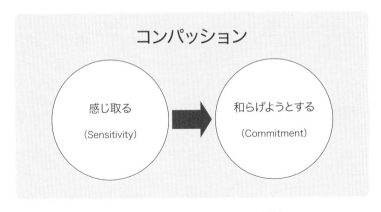

図 1-1　コンパッションの二つの側面

としている，コンパッションを持った行動であると言えます。

こうして考えてみると，コンパッションというものは**本当に基本的で身近な感覚**であり，行動であることがわかっていただけるのではないかと思います。ケガをした時に痛いと感じて手当てをするように，**心の痛みを感じ取り，手当てする状態を取り戻す**ことがCFTの目標となります。

今，巷ではセルフ・コンパッションという概念が注目を浴びています。セルフ・コンパッションは，「苦痛や心配を経験したときに，自分自身に対する思いやりの気持ちを持ち，否定的経験を人間として共通のものとして認識し，苦痛に満ちた考えや感情をバランスがとれた状態にしておくこと」と定義されているのですが（有光，2014），この説明を見て，皆さんはどう感じるでしょうか？　私はいつも，「自分には難しいな」と感じてしまいます。自分に優しく，生きとし生けるものとのつながりを感じ，その瞬間を感じながら生きる。ひょっとしたらできている瞬間もあるかもしれないですが，その感覚をいつも携えた存在になるためにはかなりの修業が必要そうです。生きているうちには難しそうかも，というのが正直な感想です。

ですが，CFTのいうコンパッションであればできるような気がします。**自分や誰かが苦しい時にそれを素朴に助けてあげる**，そんな機能であれば自分の中に見つけられるような気がします。誰かが転んだ時に起き上がるのを助けてあげたり，誰かが泣いていたら抱きしめてあげるような，それくらいならできるかもしれないなと思えます。

● 私たちの人生と困難

CFTでは私たちの人生はどんなものか，ということも患者さんと共有します。とはいえそれは堅苦しい講釈を垂れるようなものではなく，前提を共有するためです。どんな前提かというと，私たちは残念ながら，辛いことをたくさん経験して生きているということ，そしてそれは私たちが悪

いから起こっているわけではない，ということです。苦しみを感じることなく生きることはできません。本当に残念なことですが，おそらくそれは避け難い現実です。ただし，それは**あなたのせいではない**のです。

　多くの方がご存知のことですが，私たちの性格や考え方，価値観，行動傾向などは遺伝的な要因と環境的な要因によって形成されます。この点は多くの方が同意してくれるのではないでしょうか？　ではここでさらに考えてみてください。私たちに自分の遺伝的な特徴を選ぶチャンスがあったでしょうか？　私たちは自分が生まれてくる家庭や地域，あるいは国を選ぶことができたでしょうか？　答えは「ノー」です。私たちは遺伝と環境によって作られて来たわけですが，どちらも私たちが選んだものではありません。そして，遺伝と環境は私たちの脳を形作り，性格とよばれる特徴や思考スタイル，生活習慣，行動の傾向を生み出しています。

　日常生活に話を戻してみます。うっかり忘れ物をしてしまった時，誰かとうまくやれなかった時に，自分を責めたり，嫌悪することはないでしょうか？「私はいつもダメだな」，「こんなこともできないなんて，自分はどこかおかしいのだ」などと考えるかもしれません。ですが，今ここにいる私たち自身は遺伝的要因と環境的要因が影響しあってできた存在で，**私たち自身が選んでそうなったわけではない**のです。自分たちが選んだわけでもないのに，辛いことをたくさん経験して生きていかなければなりません。

　こうした考え方から，CFTでは「人生は難しい（Life is hard）」というフレーズをよく使います。難しいことばかりが起こる人生をどのように生き抜いていくか，そのための知恵と工夫を紹介し，一緒に取り組んでいこうとするのがCFTです。「人生は難しい」けれど，私たちは私たち自身でしかなく，今ここに存在している自分として生きていくしかありません。**自分自身を引き受ける**という選択しかありません。「人生は難しい」という現実を受け入れ，今できることをしていくしかないのです。そのためには，コンパッションの一つ目の側面，痛みを認めて感じ取る必要があります。

● **厄介な脳**

　人生を難しいものにしている理由の一つに私たちが非常に厄介な脳を持っているという点があります。図1-2は私たちの脳の機能を便宜的に2つに分けて図示したものです。内側の部分を古い脳と呼びます。

　この部分は人間よりも進化的に古い生物，魚や爬虫類とも共有している部分です。古い脳の役割は，感情や欲望，欲求などを司ることです。例えば私たちの目の前に急にライオンが飛び出してきたら，古い脳は私たちに恐怖や驚きといった感情を引き起こします。そして恐怖や驚きという感情が出てきてくれるおかげで，身体の準備が整い，戦ったり逃げることができます。身を守るためには欠かせない役割です。

　一方で新しい脳は，人間が特に発達させた脳の部分です。新しい脳は未来を予測したり，目の前の現実とは別のものを想像したり，自分自身のことを振り返って考える役割があります。その能力のおかげで私たちは，様々な道具を生み出し，生活を便利に，豊かにすることができました。新

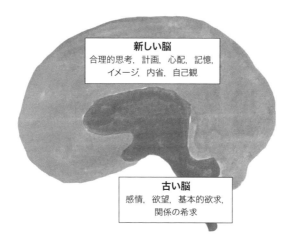

図1-2　厄介な脳

しい脳が発達していなければ，私たちは音楽もスポーツも，映画や漫画も生み出すことはできなかったでしょう。

このように古い脳も新しい脳も大いに私たちを助けてくれるものです。しかし，これらの脳が人間ならではの苦しみも生み出してしまいます。どういうことかというと，古い脳によって引き起こされた感情が新しい脳を乗っ取ってしまうのです。そうなると何が起こるでしょうか。図1-3を見てください。

例えば，何か失敗をして落ち込んだとします。落ち込んだ感情は古い脳によって引き起こされますが，その感情を受けて新しい脳は想像や振り返りをしてしまいます。過去の大きな失敗のことを思い出し，「あの時も，あの時も，あの時もこんな失敗があった」と考えてしまいます。そして「失敗ばかりしている自分はどこかおかしいのではないか」，「この先やっていけないのではないか」と考え，ネガティブな考えが頭をめぐってしまいます。

そんなことを考えているとどんな気分になるでしょうか？　おそらく，もっと落ち込んで，不安になるでしょう。もっと落ち込んで不安になれば，

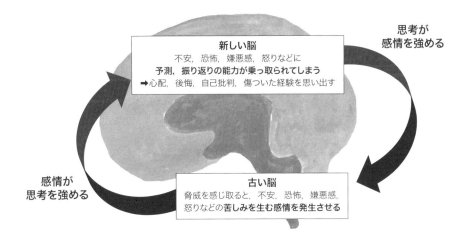

図1-3　厄介な脳による悪循環

もっと悲しくて不安になるようなことを考えてしまいます。つまり，古い脳で起こった感情が新しい脳を乗っ取ることで，ネガティブな思考と感情がループしてしまうのです。これが**私たちの頭に最初から搭載されている**厄介な脳の仕組みです。

　私たちは様々なことに対して不安になったり，自分にがっかりしたり，絶望を感じることがあります。しかしそれは，人間ならではの苦しみだといえます。私たちは厄介な脳というリスクを持った状態で生まれ，生活をしているわけです。言い換えると，あなたが考え込んで落ち込みやすいのも，いろんなことに不安になってしまうのも，あなたが悪いわけではありません。私たちが望んだわけでもなく最初からインストールされている脳の機能であり，ネガティブな考えと感情にとらわれてしまうのは，人間が持って生まれた特徴なのです。

　ここまで紹介した厄介な脳について，あなたは思い当たるところはあるでしょうか？　あなたの厄介な脳が暴走してしまっている場面を書き出してみてください。あるいは感想や疑問点があれば併せて書いてみてください。

厄介な脳についての感想や疑問点

● 自分自身の体験に気づく（音のマインドフルネス）

　さて，厄介な脳について紹介しましたが，こうした私たちの悩ましい構造に対処するための方法も紹介させてください。それは何かというと，**今この場にいる自分に起こっていることに気づくこと**です。第1回ではそのための練習をしてみたいと思います。

　ここで紹介するのは，マインドフルネスという方法です。マインドフルネスとは，「意図的」に今この瞬間の体験に注意を向けることを指します。この「意図的」に，というのがポイントで，私たちは意識しなければ簡単に気が散ったり，何かの考えやイメージに囚われてしまいます。

　湯船につかりながら，職場であった嫌なことを思い出していたとします。この時，私たちの心はその嫌なことを再体験しているような状態になります。自分の心の中にある「嫌なこと」にスポットライトを当てて，その時の光景を思い出したり，それにかかわる心配事に心が囚われてしまいます。結構しんどいですよね。マインドフルネスの練習を続けていくと，心の中のスポットライトを少しずつコントロールできるようになり，自分が何に意識を向けるかを選べるようになっていきます。

　さて，習うより慣れろということで，早速ここでは音のマインドフルネスを試してみましょう。マインドフルネスに限らず，このプログラムではいろんな練習を紹介します。もちろんなるべく有用なものを選んだつもりですが，どうしても相性があります。**あるやり方が自分に合わなかったとしても，何の問題もありません**。むしろ，「こうでなければならない」という先入観を薄くして取り組んでみてください。

　それでは始めてみましょう。やることはとても簡単です。まずお手元に携帯電話のアラームを用意してください。そして1分後にアラームが鳴るように準備してください。これから1分間，目を閉じて，何が聞こえるかということに意識を向けてください。例えば，夏であればセミの鳴き

声かもしれないですし，誰かがあいさつしている声が聞こえるかもしれません。ただただ音に意識を向けて，何が聞こえたかを覚えておいてください。

　それではアラームを設定したら，目を閉じて 1 分間，音に意識を向けてください。1 分たったら，下の空欄に聞こえた音を書き出してみてください。p.153 にあるリンクから音声を聞いていただいても良いかもしれません。やってみての感想をなんでも結構ですので，書き出してみてください。

聞こえた音とマインドフルネスの感想

　どうだったでしょうか？　音に意識を向けようとしても，何か別のことが気になってしまったり，何か考え事が浮かんだかもしれません。どこかソワソワした感覚が出てきたかもしれません。ですが，そのことを責める必要は全くありません。**どの反応も正解**なんです。

　今していただいていることは，普段の生活ではやっていないようなことですし，最初からうまくいかなくてもよいのです。うまくいった方はラッキー，うまくいかなかった方はまぁ，そんなもんです。大事なことは，あなたがどんな体験をしたか，何を発見したかです。新しいことを試みて，**起こったことをそのまま認めてあげましょう。**

　視覚と触覚を使った練習もできます。部屋の中にあるものを一つだけ選び，ただじっくりと目で見て観察してみてください。どんな色をしている

か，もし触ったらどんな感触がするか，冷たいか，温かいか，想像をしながら観察します。同じく1分程度たったら，今度はそれを手に取って触れてみてください。直に触ってみると，想像と同じだったり，ちょっと違っていたりします。ゆっくりじっくりと触れていきます。先ほどは音（聴覚）を使いましたが，このやり方は視覚と触覚を使って，「今，ここ」の感覚に意識を向けていることになります。

　これらの練習は家の外でも試すことができます。過ごしやすい季節であれば，公園のベンチに腰掛けてやってもよいでしょうし，電車に乗りながら試すこともできるでしょう。それぞれの場所でやってみて，どんなことが起こるか，実験するつもりで試してみてください。このやり方はダメ，こうなってはダメ，というものは一切ありません。試してみること，そして試してみた結果を振り返ることが大切です。一週間ほど続けて，その様子を記録用紙に記載してみましょう。

● コンパッションの観察

　もう一つ，次回までにお願いしたいことがあります。それは，コンパッションに意識を向けるという練習です。自分の周りにコンパッション，優しさや思いやりがころがっていないか，一週間ほど観察してみてください。自分が誰かに優しくしているかもしれませんし，誰かがあなたにコンパッションを示してくれているかもしれません。意外と意識していない行動の中に優しさや思いやり，気遣いがあるので，ちょっと無理やりにでも探すつもりで観察してみてください。もし見つけたものがあれば，記録用紙に記入をお願いします。ひょっとしたらたくさんのコンパッションに気づくかもしれませんし，反対に自分の周りにはコンパッションが全くない！と驚くかもしれません。この宿題も正解があるわけではなく，新しいことを試してみることが大切です。まず，やってみましょう。

● **第1回振り返り**

　第1回の内容は以上です。結構ボリュームがありましたから，お疲れかもしれません。ですがそれも新しいことに取り組もうとしているからこその疲れであることを忘れないでください。その取り組みは誰からも尊重されるべきですし，素晴らしいことであるはずです。第1回の内容を通して感じたこと，考えたこと，疑問点などを書き出してみてください。感想ですから，正しいことも，間違ったこともありません。率直に書いてみてください。

```
┌─────────────────────────────────────┐
│                                     │
│                                     │
│                                     │
│                                     │
│                                     │
└─────────────────────────────────────┘
```

● **第1回の宿題**

　このプログラムでは毎回，宿題が出ます。宿題というとちょっと苦手に感じる方もいるかもしれませんが，毎回取り組んだ内容を生活の中で試してみることをお願いしています。実際の生活を送りながら，その中で試してみることで新しい発見があります。

　今回の宿題は次の2つです。

　① 音のマインドフルネス

② コンパッションの観察

　やり方は先ほどお伝えした通りです。そして宿題に取り組んだ時には，そのことを記録し，少し振り返ってみることをお願いしています。試してみることも素晴らしい挑戦ですが，その挑戦を振り返ることでご自分の努力をさらに活かすことができます。

　振り返りのためのシートは次のページにあります。取り組んだことを簡単に書いて，感想や気づいたこと，疑問点がある場合はそのことも記入してみてください。

　そして次回のセッションであなたの治療者と，今回の宿題についてどうだったかを話し合ってみてください。

マインドフルネス記録シート（第　回）　ID：

曜日	朝	昼	夜	感想・気づいたこと
月				
火				
水				
木				
金				
土				
日				

第1回　厄介な脳とマインドフルネス

コンパッション記録シート（第　回）　ID：

曜日	朝	昼	夜	感想・気づいたこと
月				
火				
水				
木				
金				
土				
日				

第2回 3つの円のモデルと呼吸法

　第2回の内容に入る前に，前回の振り返りをしましょう。内容について，感想や疑問点はあるでしょうか？

```
┌─────────────────────────────────────────┐
│                                         │
│                                         │
│                                         │
│                                         │
│                                         │
└─────────────────────────────────────────┘
```

　第1回の宿題はどうだったでしょうか？　うまくいったように感じた点，いまいちだなと感じた点，こういう場合はどうしたらいいのかな？と疑問に思った点があれば教えてください。

```
┌─────────────────────────────────────────┐
│ マインドフルネスについて                │
│                                         │
│                                         │
│ コンパッションの観察について            │
│                                         │
│                                         │
└─────────────────────────────────────────┘
```

マインドフルネスの練習は，最初は気が散ってしまうことが多いものです。焦らずにじっくり取り組んでいきましょう。少しずつ，少しずつ，焦らずに続けていくことがコツです。

コンパッションの観察はどうだったでしょうか？　あなたの今の生活の中でコンパッションを見つけることができたでしょうか？「何もなかった」という方は，ひょっとしたら見落としていたり，気づけていないだけかもしれません。これはひょっとしたら，あなたの中のコンパッションという機能が働きづらくなっているせいかもしれません。しばらく運動をしなかったせいで身体が固くなってしまった状態や，久しぶりに自転車に乗ろうとしたらギアが錆びついてしまってなかなかスムーズに動いてくれない，そんな状態と似ています。そんな場合でも，毎日のように当たり前にしていること，してもらっていることの中にコンパッションが隠れていることがよくあります。もしよろしければ，少し無理矢理にでもコンパッションを探してみてください。

さて，こうした宿題や練習にはコツがあります。それは新しいことに挑戦している**自分の努力を認めてあげる**ことです。自分が今，より良い方法を探す道の途中にいるんだ，ということを忘れないでください。正しい方法を探すのが CFT の道ではありません。**あなたにとって最善の方法を，あなた自身のために探していく**のが，CFT の目的です。焦る必要はありませんから，一つ一つ，確かめながら進んでいきましょう。

● 3 つの円のモデル

脳科学の研究成果から，私たちの感情は大きく分けて 3 つのシステムが司っていることが分かりました。これらのシステムは，どれかが大きくなるとそれ以外のシステムが小さくなります。3 つのシステムとは，脅威システム，獲得システム，安心システムです。図 2-1 を見てください。

これらのシステムは互いに影響しあい，バランスをとっています。どの

第2回　3つの円のモデルと呼吸法

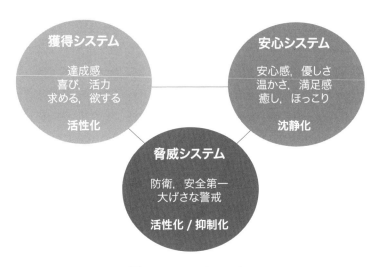

図 2-1　3つの円のモデル

システムが大きくなっているかで，私たちの体験は大きく変わってきます。私たちが感情的に苦しんでいるときはバランスが崩れてしまっている場合がほとんどです。それぞれのシステムの特徴を順に紹介します。

● 脅威システム

　脅威システムの役割は警備隊です。私たちの安全を守るために全力を尽くします。一方で，大きくなりすぎると警戒状態を解くことができなくなってしまうという問題が生じます。安全を維持し，自分や他者を守るために働くものですから，危険に対して非常にナーバスになります。そのため，危険かもしれない出来事が起こると（あるいは思い出すと），不安や恐怖，怒りや嫌悪感といった感情が一瞬で生じます。脅威に過敏な状態が続くわけです。

　このとき身体はドキドキしたり，緊張したりします。ちょっとした出来事であっても深刻に捉え，視野が狭まり，危険にまつわることしか考えら

れなくなります。結果的に非常に悲観的な考えに縛られることもあります。脅威のスイッチが入っていますから、その脅威から身を守るために、私たちは逃げたり、隠れたり、激しい攻撃行動をとります（図2-2）。

　私たち人間の場合に厄介なのは、こうした脅威のスイッチが現実には存在しないような**想像上の脅威**にも反応してしまうことです。人間関係のトラブルが実際に起こったわけではなくても、「嫌われているのではないか」と考えたり、一人ぼっちでいるところを想像するだけで脅威のスイッチはオンになります。あるいは、過去の傷つき体験を思い出すだけで脅威のスイッチが入り、その時と同じような恐怖や不安、怒りなどが生じてきます。

図 2-2　脅威システムの特徴

● 脅威システムと感情

　脅威システムは私たちが「苦しい」と感じる感情と密接に結びついています。脅威システムが大きくなることで，私たちは身体ごとまるっと不安や恐怖，怒り，嫌悪感に覆われてしまいます。心理的な苦しみに対抗するためには，感情についての理解を深めることがとても重要です。表 2-1 に，脅威システムと関連した主な感情とその特徴を紹介します。

　これらの脅威感情は，私たちの注意や意識を危険に集中させる役割を持っています。そのため，ポジティブ（あるいはニュートラル）な情報を聞き入れることは難しくなり，脅威に敏感になり，過大評価をするようになります。そんな状態ですから，脅威システムが大きくなった状態では**冷静で合理的な判断はできなくなります**。結果的に勢いに任せた行動をとってしまい，後から後悔することも少なくありません。

　心理的に苦しくなったときには 3 つの円のモデルを思い出して，「脅威システムが大きくなっているのかもしれないぞ」と自分に語りかけてみてください。そのことに気づくことが自分を助けるための第一歩になります。

表 2-1　脅威システムに関連した感情とその特徴

感情	感情の特徴
不安／恐怖	危険から身を守る （恐怖より不安の方がより曖昧な危険に反応する） 身体を緊張させ，逃げるための準備をする （強すぎる脅威だとフリーズしてしまうこともある） 脈拍が上がり，胃が収縮する
怒り	敵をはねのけて自分を守る 身体を緊張させて戦う準備をする 脈拍が上がり，胃が収縮する
嫌悪感	危険なものを自分の中から排除する 腐った物や汚染物の見た目やにおいに反応する感覚が起源

ここまでの説明を踏まえて，脅威システムについて振り返ってみましょう。

> この一週間で脅威システムが大きくなった場面はありましたか？
>
> あなたの体，注意，考え，行動はどうなっていたでしょうか？

● **獲得システム**

獲得システムはエネルギー，達成感の源で，生物が生き残り，栄えていくために必要なものを獲得するためのシステムです。必要なものを求め，探し，手に入れたとき，私たちは喜びと達成感を得ることができます。例えば，サッカー選手がゴールを決め，喜びを爆発させている場面は，獲得システムが大きくなった時の好例です。獲得システムはああいった喜びと，

図 2-3　獲得システム

目標を達成するために必要な意欲，欲求，興奮，バイタリティをつかさどっています。ドーパミンという興奮をつかさどる脳内物質と関連していますので，過剰に働くと興奮が収まらずに，心が空回りしてしまうこともあります。

メンタルヘルスとの関連でいうと，躁状態は獲得システムが大きくなりすぎて歯止めが利かなくなってしまった状態です。反対に，ひどいうつ状態のときは，獲得システムが非常に小さくなってしまい，喜びや意欲を感じることができません。そのため，特にエネルギーが出てこないようなうつ症状がある場合には，獲得システムを意図的に大きくしてあげる必要があります。

獲得システムも脅威システムと同じように生存のために存在していますから，食べ物を手に入れた時に喜ぶといった動物的な反応がルーツです。しかし人間の場合は，社会的な成功が生存と大きく関係するため，恋愛，試験，昇進，お金などに反応することの方が多くなっています。脅威システムと違い，物事を楽しみ，喜びを得ることができるため，獲得システムが大きい状態はもちろん喜ばしいのですが，**大きくなりすぎるとブレーキが利かなくなってしまいます**。ハイテンションになりすぎて，一人だけ浮いてしまうような状況をイメージしていただけるとよいかもしれません。海外旅行でどう考えても使わないようなものを勢いで買ってしまうのも，獲得システムの仕業かもしれません。テンションが高い状態だと取り組むのが難しいことが，生活の中にはそれなりにあります。

獲得システムの厄介なもう一つの点は，目標を達成できなかったときに脅威システムのスイッチが入りやすいという点です。イケイケでグイグイ取り組んでいた時に失敗してしまうと，後悔や怒りのスイッチが入りやすく，その矛先が自分や周りの人に向いてしまいます。

そう考えると，獲得システムはほどほどの大きさ，ほどほどの時間で体験できる方が生活はしやすくなります。あるいは大きくなったとしても，一定の時間で元に戻してあげないと，ずっとハイテンションでは身体が持

ちません。やはり，バランスが大切ということになります。

さて，獲得システムについてもご自分を振り返ってみましょう。

この一週間で獲得システムが大きくなった場面はありましたか？

あなたの体，注意，考え，行動はどうなっていたでしょうか？

● 安心システム

　三つ目のシステムは安心システムです。このシステムは落ち着き，安らぎ，平穏をもたらす役割を持っています。安心システムが働くことで，私たちは**心身を回復させ，心のバランスをとる**ことができます。心が充ち足りていて，幸福で，安心していて，穏やかさを感じさせる機能を持っています。

図 2-4　安心システム

焦っていたりテンションが上がりすぎてしまっている時でも，このシステムを動かして大きくしてあげれば，落ち着き，安らぎ，平穏，幸福といった感覚を感じとって，落ち着くことができます。

　例として，泣いている赤ん坊が養育者に抱っこされた場面を想像してみてください。最初は大泣きしていて，このときはまさに脅威システムが大きくなっています。ですが，養育者が抱き上げて，頭をなでてあげたり，あやしてあげることで安心システムのスイッチが入り，穏やかな状態に戻ることができます。表情が和らいで，そのまま眠りにつくかもしれません。

　穏やかで落ち着いた状態は，**自分にとって助けになる方法，自分にとって最善の方法を考え，選ぶのに適しています**。自分が本当に望んでいることを大切にして，そのために必要な手段や行動を選ぶためには安心システムが機能している必要があるわけです。これは，苦手なことや勇気が必要なことに挑戦するときも同様です。**安心感があればこそ，様々なことに挑戦し，探索することができます**。

　では安心システムについてもご自分を振り返ってみましょう。

この一週間で安心システムが大きくなった場面はありましたか？

あなたの体、注意、考え、行動はどうなっていたでしょうか？

● 3つのシステムのバランス

3つのシステムを紹介したところで，少しおさらいをしましょう。最も大切なことは，**どのシステムも生きるために必要な，大事な役割を持っている**ということです。しかし，3つのシステムのバランスが崩れてしまうと，私たちの心理的苦痛や生活上の困りごとが生じてしまいます。

図 2-5 は脅威システムが大きくなった場合です。不安や恐怖，怒りといった脅威に関わる感情が強くなり，達成感や喜び，安心感や落ち着いた感覚はどこかに吹き飛んでしまいます。警報がずっと鳴り響いているような状態ですので，心は張り詰め，身体は緊張し，とても疲れます。何より，不安や恐怖，怒りといった感情は私たちにとって大きな苦痛になります。脅威システムが大きくなった状態で，厄介な脳を抱えているわけですから，心はどんどんしんどくなってしまいます。

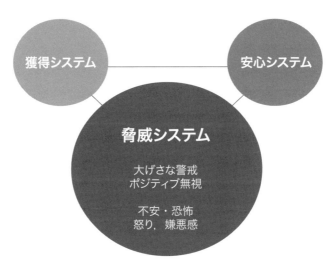

図 2-5　脅威システムが大きくなりすぎた場合

次に図 2-6 ですが，これは獲得システムが大きくなっている状態です。獲得システムは達成感や喜びを感じさせるので，大きくなっていることは問題ないようにも思えます。ですが，テンションが高く興奮した状態もやはり，自分自身のコントロールを失ってしまい，十分な休息をとれずに疲弊してしまったり，勢いに任せた行動をとって失敗してしまうこともあります。

脅威システムも獲得システムも私たちが生きていくうえで欠かせない機能を持っていますが，大きくなりすぎるとコントロールを失いやすいという特徴があります。そして，心理的苦しみや現実生活の困りごとが大きくなってしまいます。

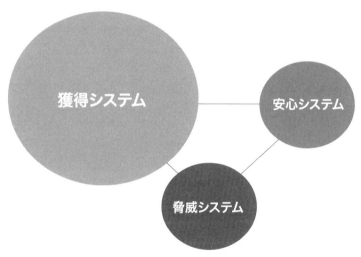

図 2-6　獲得システムが大きくなった状態

こうした状況に対して、CFTでは安心システムをうまく使ってあげることで、心のバランスを整え、自分自身がしたいこと、進みたい方向に進んでいくことを目指していきます。安心システムの「落ち着ける」「安心感を与える」といった役割が、動揺した心の状態を整え、私たちが本当にしたい方法で対処する手助けをしてくれるわけです（図2-7）。

　そしてこの機能は、何歳からでも鍛えることができる（練習すれば脳が変化する）ことが脳科学の研究で分かっています。安心システムを大きくする練習に取り組むことで、少しずつ、でも確実に感情のバランスが取れるようになります。

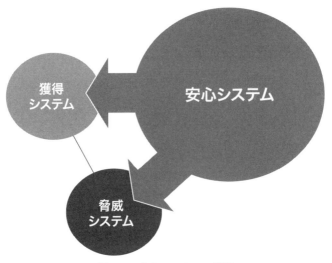

図2-7　安心システムの役割

🌀 呼吸法で心のバランスを整える

　ここで紹介するゆっくりとした呼吸法は英語では Soothing Rhythm Breathing と呼ばれるものです。Soothing とはなだめる，落ち着かせるという意味です，自分自身が落ち着けるようなリズムで，自分に合ったペースの呼吸を練習していきます。一番大切なことは「自分が心地よいと感じること」です。ですから，ご自分の感覚を大切にしながら進めていきましょう。

　呼吸法のやり方は以下に紹介していますが，オンライン上に音声も公開してあります。p.153 を確認してみてください。よろしければぜひ一度，音声を聞きながら試してみてください。治療者と一緒に CFT に取り組んでいる場合は，治療者のガイドの声に合わせてやってみましょう。

---- エクササイズ ----

呼吸法

　ここでは，心地よいリズムの呼吸と呼ばれるエクササイズを紹介します。呼吸に意識を向けることで，脳の機能を通して身体のシステムや感情に働きかけることができます。

　ストレス，不安，怒りといった感情によって動揺すると，私たちの呼吸の頻度はゆっくりした状態から早い状態へと変わっていきます。この反応は私たち自身が行っているというよりも，自動的に起る現象です。心理学では闘争-逃走反応と呼び，刺激に対して私たちの脅威のスイッチを入れる機能があります。

　こうした自動的な機能に対して，私たちは意図的に呼吸の仕方を作り出し，対抗することができます。ゆっくりと，自然なペースで，息を吸って，吐いていくことで，安定した状態を作り出し，しっかりと"ここにいる感覚"を体験することができます。

ここで紹介する心地よいリズムの呼吸は，私たちの副交感神経の働きを高め，脅威システムや獲得システムを制御する助けになります。また，心地よいリズムの呼吸は他者の視点に立ち，共感する能力（メンタライズ）も高めてくれます。というのも，脅威システムが活性化している時，他者の視点に立ち，共感することはとても難しいからです。視野が狭まり，柔軟性を失い，思考が凝り固まり，一つの視点からしか物事を見られなくなってしまいます。

　この呼吸の仕方をすることで，しっかりと"ここにいる状態"を作り出し，身体をゆっくりとさせ，他者にも自分にも共感しやすい状態にすることができます。

　ではエクササイズを行っていきましょう。

　心地よいリズムの呼吸では，ゆっくりと深く呼吸をしていきます。1分間に5回の呼吸（6秒で吸って6秒で吐く）が目安です。この速さの呼吸がしっかりと"ここにいる感覚"を作り出してくれます。ポイントになるのは，自然に息を吸い込み，自然に息を吐きだすということです。一生懸命やりすぎたり，だらっとしすぎるものではありません。慣れるまでは練習が必要ですが，ゆっくりと身に着けていくことができます。

　もう一つ重要なことは，決まった形で練習をしていくということです。6秒で吸って，6秒で吐くという形で練習をする場合は，そのやり方を続けるようにしてください。4秒で吸って，6秒で吐くといった方法を試すのであれば，その方法で練習を続けてください。エクササイズの最中は同じ進め方をしましょう。もちろん慣れていったら，いろいろな方法を試してもらってかまいません。自分にとって一番良いペース，やり方を見つけてください。今日は5秒で吸って5秒で吐く方法を紹介したいと思います。心地よいリズムの呼吸の最も基本的な始め方です。

　少しずつ，呼吸のペースを長くしていきます。最初は3秒ずつ，そして4秒，5秒ずつへと進んでいきます。最初のうちはこちらで数えますが，ある程度進んだらご自分のペースで進めるようにしてください。

　吸って，吐いてと呼吸をしていると，その間で止まる時間があることがわかると思います。その時にしっかりとした感覚やゆっくりとした感覚を感じ取るようにしましょう。では始めてみましょう。

まずは楽な姿勢をとります。座っていても立っていても結構です。
　そして，背筋をまっすぐと伸ばして，胸を開いてください。この姿勢が基本です。次に，微笑んだ表情を作り，親しみのある声のトーンをイメージしていきます。目を閉じたほうがよければそうしてください。
　そのまま呼吸に意識を向けていきます。吸い込んだ空気が鼻から入り，横隔膜が下がり，肺が膨らんでいきます。そして吐き出すときには，心地よくゆっくりと，風船のように縮んでいきます。
　吸って，2，3……　吐いて，2，3……
　吸って，2，3，4……　吐いて，2，3，4……
　吸って，2，3，4，5……　吐いて，2，3，4，5……
　吸って，2，3，4，5……　吐いて，2，3，4，5……
　吸って，2，3，4，5……　吐いて，2，3，4，5……
　吸って，2，3，4，5……　吐いて，2，3，4，5……
　とても良いリズムで呼吸ができています。吸って，吐いて。自分のペースで呼吸を続けてください。鼻を通って入って，出ていく，その感覚に意識を向けてください。
　何か別のことが気になっても，何の問題もありません。
　また呼吸に意識を戻してください。そして呼吸を続けてください。
　心がゆっくりとして，身体がゆったりとしてきます。身体がしっかりとそこにいる感覚も感じてとることができます。
　このまま，1分ほど呼吸を続けてみましょう。
　そのまま呼吸を続けて，身体が少し重いような感覚，頭だけでなく身体全体でどっしりとした感覚を感じ取ることができます。
　もしよろしければ，優しく親しみのある声で，「心がゆっくりとして，身体がゆったりとしていきます」と心の中で口にしてみてください。
　座りながらやっている場合は，自分が山のようにどっしりと座っているように感じるかもしれません。立っている場合は，しっかりとどっしりと立っている感覚を感じられるかもしれません。
　今のペースのまま，少しの間呼吸を続けてください。ただそのまま，自分のペースで吸って，吐いてを続けてください。

　ゆっくりとして，しっかりとそこにいて，安定した感覚が感じ取れます。

> その感覚が心地よいリズムの呼吸のポイントです。
> 　自分にとって一番心地よいペースを見つけ，しっかりと練習をしていきましょう。リラクセーションとは違い，まっすぐと，堂々とした姿勢で行います。それが安定感を感じ取るためのコツです。リラクセーションとは違うということを覚えておいてください。
> 　このエクササイズを練習するときには，数分間，一日のうちの別のタイミングで時間をとるようにしてください。家でも，バスでも，職場でもどこでも練習することができます。

　ポイントは，「穏やかな感覚」と「しっかりとここにいる感覚」です。自分の心がゆっくりと穏やかになっていって，身体がゆったりとしていくのを感じ取りましょう。そして，自分の身体がしっかりとそこにいるところを感じ取ってみましょう。最初は難しいと感じる人もいます。ですが，それでも何の問題もありません。何でもいいので，やってみての感想を書き出してみてください。

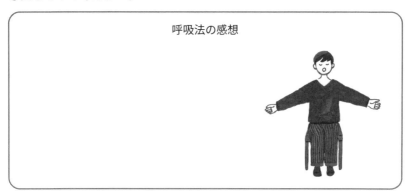

呼吸法の感想

　重要なことは，安心システムのスイッチを入れるという意図をもって取り組むことです。意図を持って取り組むことで，私たちの脳が変化していき，徐々に穏やかさやしっかりとここにいる感覚を感じ取りやすくなります。

まずは1日3回，実施する時間（タイミング）を決めて，試してみるつもりで続けていきましょう。

● 第2回振り返り

第2回の内容は以上です。結構ボリュームがありましたから，お疲れかもしれません。ですがそれも新しいことに取り組もうとしているからこその疲れであることを忘れないでください。その取り組みは誰からも尊重されるべき，素晴らしいことです。第2回の内容を通して感じたこと，考えたこと，疑問点などを書き出してみてください。感想ですから，正しいことも，間違ったこともありません。率直に書いてみてください。

● 第2回の宿題

今回の宿題は次の2つです。

① 呼吸法またはマインドフルネス
② コンパッションの観察

第1回と同様に，宿題に取り組み，その様子を振り返ってみてください。

①についてはできれば新しく学んだ呼吸法を試していただきたいところですが，難しければ第1回で紹介したマインドフルネスでも結構です。できることから少しずつ，取り組んでいきましょう。

　大事なことはあなたの**安心システムが働いた時の感覚を味わう**ことです。ご自分の感覚を大切にしながら，宿題に取り組んでみてください。

第2回 3つの円のモデルと呼吸法

マインドフルネス／呼吸法記録シート（第　回）　ID：

曜日	朝	昼	夜	感想・気づいたこと
月				
火				
水				
木				
金				
土				
日				

コンパッション記録シート（第　回）ID：

曜日	朝	昼	夜	感想・気づいたこと
月				
火				
水				
木				
金				
土				
日				

第3回 様々な感情を持った自分，安全な場所のイメージ

　第3回の内容に入る前に，前回の振り返りをしましょう。内容について，感想や疑問点はあるでしょうか？

　第2回の宿題はどうだったでしょうか？ うまくいったように感じた点，いまいちだなと感じた点，こういう場合はどうしたらいいのかな？ と疑問に思った点があれば教えてください。

呼吸法／マインドフルネスについて

コンパッションの観察について

呼吸法もマインドフルネスと同じように，最初は気が散ってしまうことが多いです。少しずつ，焦らずにじっくり取り組んでいきましょう。

コンパッションの観察はどうだったでしょうか？　当たり前の生活の中に隠れていたコンパッションはあったでしょうか？　もしコンパッションを見つけることができたら，その場面で**自分がどんな感覚を持ったか**に意識を向けてみましょう。相手に何かしてあげた時には，相手の表情や様子も観察してみてください。コンパッションが働いて，安心システムが大きくなった様子を見つけることができるかもしれません。

今回も新しいことに挑戦している自分の努力を認めて，しっかりとほめてあげてください。新しいことに取り組むのは本当に難しいことですし，変化を起こそうとしているご自分に敬意をもってもらえたらと思います。

● 安心システムへの抵抗感

呼吸法やこの後の回で紹介するイメージエクササイズを行い，安心システムを大きくしようとしたときに，抵抗感や不安感が生じることがあります。また，人によっては「自分はダメだ」といった自己批判や，恥ずかしいような感覚を体験することもあります。ただ，そのことを心配しすぎる必要はありません。

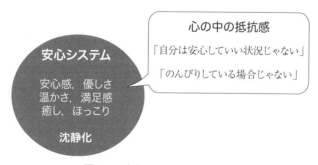

図 3-1　安心システムへの抵抗感

今，覚えておいていただきたいことは，「コンパッションや安心を感じようとすると，抵抗感や不安感が生じることがあるのだ」ということです。プログラムが進むにつれて振り返る機会がありますので，今のところは「そういうこともあるんだ」と思っておいてくだされば十分です。

安心感を得ようとするときにさえ，不安感や嫌悪感，自己批判が顔を出してしまうのには理由があります。その理由とは，私たちが様々な自分（不安な自分，怒りの自分，悲しい自分，喜んでいる自分，コンパッションを持った自分）を持っているためです。

● 様々な感情を持った自分

不安を感じている自分，怒っている自分，落ち込んで自分を責めている自分，喜んでいる自分，安心している自分，私たちは様々な「自分」を体験しますが，どれが本当なのでしょうか？

結論を言うと，**どれも本当の自分です**。それぞれの感情には役割があり，その役割を知ることで様々な感情を持った自分とうまく付き合うことができるようになります。

> ■ **怒りの自分**
> 何かを妨害されたり邪魔されたときに生じる
> 問題に近づき，早く解決したい，仕返ししたい願望
> → 身体が怒りの感覚に支配され，思考，行動，注意も怒りのモードになってしまう
>
> ■ **不安・恐怖の自分**
> 切迫感，落ち着いていられない
> → 身体が不安・恐怖の感覚に支配され，思考，行動，注意も不安・恐怖のモードになってしまう

■ 嫌悪感の自分

有害なものを身体から排除しようとする
怒りも一緒に生じることで軽べつへと変化する
→ 身体が嫌悪の感覚に支配され，思考，行動，注意も嫌悪のモードになってしまう

ポジティブな感情についてはどうでしょうか？

■ 興奮・喜びの自分

エネルギーに満ちていて，何かに向かっていく感覚
何かを達成しようとする原動力
達成できれば，喜びでいっぱいになる
過剰に興奮すると考えがどんどん浮かぶ，眠れない
→ 常に興奮を求め，達成感に依存してしまうこともある。達成できないときは，過去の成功や自分自身を無価値に感じてしまう

■ 充足感の自分

幸福感，自分らしい感覚
休息・回復につながる
駆り立てられ，落ち着かない自分を止めてくれる
自分らしく生きていくために必要な感覚
→ 満足感，好きなことに取り組む
　 幸福に今のこの瞬間を過ごすことができる

■ コンパッション（思いやり）の自分

ポジティブな他者との関係を表す感情
安全を脳が感じ取り，脅威システムが小さくなる
目の前に相手がいなくてもつながりを感じられる
→ 他者だけでなく，自分自身にも思いやりを向けることで，より安心や優しさ，勇気の感覚が得られる

これらの感情はいずれも私たちの一部であり，私たち自身であると言えます。ただし，**どの感情の自分が前に出てくるかで，私たちの体験が変わってしまう**のです。あなたの場合はどの感情の自分になることが多いでしょうか？　それによって良いこと，困ることはありますか？

脅威システムの感情の時に安心システムの感情を連れてくることができたら，どんな変化があるでしょうか？

● 私たちが持つイメージの力

このようにどの感情を自分の前面に連れてきてあげるかはとても重要です。もしコンパッションの自分をうまく引き出すことができたら，今までとは違う対処ができるかもしれません。そのために，イメージの力が役に

立ちます。イメージは私たちが持っているとても便利な能力です。実際にはそこに存在していないものでも，まるで実際にそこにある／いるのと同じ脳の反応を作り出してくれます。

そして私たちは，この機能をネガティブな方面でばかり使ってしまっています。例えば，嫌いな人の顔を思い浮かべるとどんな気持ちになるでしょうか？　誰かに拒絶された状況をイメージしたらどうでしょうか？

生活の何気ない場面で，辛かった時のことを思い出し，気持ちが沈んでしまうことはないでしょうか。もしあなたがそうした経験をしているのであれば，イメージする能力が高いかもしれません。ただし，その能力を脅威システムを大きくするために使っているため，自分の力を十分に発揮できていない状態に陥っています。ここで取り組んでいただくイメージエクササイズは，あなたが持っているイメージの力をあなた自身のために使う練習です。安心システムを大きくして，自分を助けるために活用してみましょう。

第3回では安全な場所をイメージすることで，実際にその場所にいなくても安心，平穏，穏やかさ，充実感を感じる練習をしてみます。新しい脳が持つイメージの力を，自分の助けになるように使ってみましょう。最初はうまくいかなくても，感覚は後からついてきます。大丈夫，とにかくやってみてください。いろんなことはやってから考えてみましょう。

エクササイズ

安全な場所のイメージ

　安全な場所のイメージは，安心システムのスイッチを入れてくれ，心の休息を得る助けとなるエクササイズです。まずは呼吸法から始めて，準備ができたらイメージへと進んでみましょう。

　これから安全な場所のイメージを始めます。あなたが心から安全で安心できる場所を想像してみてください。周りを見渡してみると，何が見えま

第3回　様々な感情を持った自分，安全な場所のイメージ

> すか？　風でそよいでいる美しい木々が見えるかもしれません。穏やかな木漏れ日が見えるかもしれません。あるいは真っ青な海と真っ青な空が見えるかもしれません。暖炉の横でリラックスしているかもしれません。
> 　そこにいるとどんな感触を感じるでしょうか？　身体で温かい陽の光を感じるかもしれません。心地よいそよ風を感じるかもしれません。足元に柔らかい砂浜を感じるかもしれません。安全な場所はあなたにとても心地よい感覚を味わわせてくれます。
> 　そこにいると何が聞こえるでしょうか？　木の葉が鳴る音，小鳥のさえずり，薪がパチぱちとなる音，波が砂浜に寄せては返している音が聞こえるかもしれません。誰かの声が聞こえるかもしれません。
> 　そこで聞こえる音は，あなたにその場所が安全で安心できる場所であることを教えてくれています。
> 　そのまま自分の感覚に意識を向けて，安全な場所にいる自分の感覚をしっかりと味わってください。

　この練習でも重要なことは，**安心システムのスイッチを入れる**ということです。あなたが安心感が得られたのなら，イメージがうまくいったと言えます。ですが，もし安心感が出てこなかったとしてもそれほど気にする必要はありません。だって，こんな風にイメージを使って安心感を得ようだなんて，試したことはないですよね？　新しいことに取り組んでいるのだから，最初からうまくいかなくたって，何の問題もありません。少しずつ試していくことが大事ですし，あなたの感覚を大事にして進めていくことの方がずっと大切です。誰かが用意したやり方に無理やりに合わせる必要はありません。自分の体験を自分らしく振り返って，「自分らしいやり方」にたどり着くための工夫を考えていきましょう。
　やってみての感想を何でもいいので，書き出してみてください。

> 安全な場所のイメージの感想

● 第3回振り返り

　第3回の内容は以上です。今回も新しいことを紹介しました。ここまで進んできたことをぜひ褒めてあげてください。最初の数週間が一番苦労されているはずです。大したもんです，ほんとに。
　最後に第3回の内容を通して感じたこと，考えたこと，疑問点などを書き出してみてください。感想ですから，正しいことも，間違ったこともありません。率直に書いてみてください。

● 第3回の宿題

今回の宿題は次の2つです。

① 安全な場所のイメージ，呼吸法またはマインドフルネス
② コンパッションの観察

これまでのように，宿題に取り組み，その様子を振り返ってみてください。①はできればイメージの練習を，難しければ呼吸法やマインドフルネスを試してみてください。

新しいことを試して，自分にどんな感覚が生まれるか，観察しながら取り組んでみてください。

呼吸法／イメージ記録シート（第　回）ID：

曜日	朝	昼	夜	感想・気づいたこと
月				
火				
水				
木				
金				
土				
日				

第3回　様々な感情を持った自分，安全な場所のイメージ　　47

コンパッション記録シート（第　　回）　ID：

曜日	朝	昼	夜	感想・気づいたこと
月				
火				
水				
木				
金				
土				
日				

第4回 コンパッションと自分の記憶

　第4回の内容に入る前に，前回の振り返りをしましょう。内容について，感想や疑問点はあるでしょうか？

　第3回の宿題はどうだったでしょうか？　うまくいったように感じた点，いまいちだなと感じた点，こういう場合はどうしたらいいのかな？と疑問に思った点があれば教えてください。

安全な場所のイメージ，呼吸法，マインドフルネスについて

コンパッションの観察について

イメージの練習も，呼吸法やマインドフルネスと同じように最初は気が散ってしまうことが多いです。焦らずにじっくり取り組んでいきましょう。**試してみてどのように感じたかが一番大切なことです。**

そしてコンパッションの観察はどうだったでしょうか？　そろそろ観察するだけにも飽きてきたかもしれません。よろしければ，自分で**生活の中にコンパッションを作り出す**ことも試してみてください。誰かに親切にしてもいいですし，自分にご褒美をあげたり，自分を大切にするための時間を作ってみましょう。大きな事をしようとする必要はありません。すぐに簡単にできそうなことから始めてみましょう。例えば，コンビニで小銭を寄付してもいいかもしれませんし，街中で『ビッグイシュー』を買ってみてもいいかもしれません。することの合間にちょっと時間をとって，自分のために飲み物を入れてあげてもいいかもしれません。お風呂が好きな方であれば，入浴剤を入れてみてもいいでしょう。なんでもいいのです。あなたのコンパッションが刺激されるような，ちょっとした行動を試してみてください。

● コンパッションて何？

第2回，第3回では安心システムが私たちの心のバランスをとってくれることを紹介しましたが，安心システムのスイッチを入れてくれる最も有効な手段は「コンパッション」という心の機能を使う方法です。

コンパッションは以下の2つの要素からなります。
- 苦しんでいる自分や他者を感じ取る
- 苦しみを和らげたいという願いを持ち，関わろうとする

コンパッションのスイッチを入れると，脅威システムや獲得システムのスイッチを切ることができますので，そのスイッチを上手に入れられれば，

心のバランスを取ることが簡単になっていきます。

　コンパッションには以下の6つの特徴が必要だと言われています。それぞれ少し説明をさせてください。

　「苦しみを感じ取る」についてですが，第1回でコンパッションの2つの側面について紹介した際に，「痛みを感じ取る」がその一つ目であることをお話ししました。最初に自分や誰かの苦しみや痛みを感じ取ることから，コンパッションはスタートします。痛みに気づいていなければ，もちろんそれをケアすることもできないわけです。

　「苦しみを受け止める」は感じ取った苦しみを引き受けようとすることです。なかったことにしてごまかすのではなく，引き受ける必要があります。

　「苦しみに耐える」は，引き受けた苦しみに圧倒されることなく，しっかりと堪えることを指します。もしも耐えることができなければ，私たちは感情に圧倒されてしまい，どうすることもできなくなってしまいます。

　「共感し理解を示す」は，苦しみに耐えながら，なぜそうした苦しみが生じているのかを理解することを指します。厄介な脳の話や3つの円の

図 4-1　コンパッションの6つの特徴

モデル（脅威システム，獲得システム，安心システム）の説明は，私たちがなぜ苦しくなってしまうのか，理解し，次に進むために紹介したものです。

「非難せず評価しない」は結構難しいのですが，苦しみの感情に流され，自分自身や誰かを責めるのではなく，自分の中にある苦しみをそのまま認めてあげることを指します。

そのうえで最後の**「幸福を目指す」**へ進んでいきます。これはある一つの問いを自分にしてあげるとよいです。それは，**「今の自分を助けるために何ができるだろうか？」**という問いです。そうすることで自分にとって良い方向へと少しずつでも進んでいきます。

こうして並べてみるととても難しいように思うかもしれません。ですが，これはいきなり全部をできるようになろうというものではありません。むしろ，あなたがどうしていいかわからなくなったときに，「自分は今，どの部分が難しくなっているだろうか」と振り返るときの参考にしてみてください。この6つが完璧にできていないとコンパッションを発揮できないわけではなくて，この状態を目指していけばコンパッションに近づくと思っていただけたらと思います。目指すべき状態はこんな感じです，という話です。

そしてこの6つの特徴を自分の中にしみこませていくために，4つのスキルを活用していきます。4つのスキルとは以下の通りです。このプログラムでもこの4つのいずれかのスキルを練習していくことになります。

■ **注意**
コンパッションに意識を向けるようにしましょう。そうすることで脳がしっかりと反応してくれるようになります。

■ **行動**
コンパッション，思いやり，優しさを行動に移してみましょう。主張を

したり，断ることも含まれます。コンパッションを持った自分を演じてみたり，そのつもりで行動してみるのもよい方法です。

■ **イメージ**

心の中にコンパッションを感じさせてくれるイメージを連れてきてあげてください。どんな感覚がするでしょうか？　不安・恐怖，怒りなどの脅威に支配された自分とは違うことができそうでしょうか？

■ **考え**

「何が自分（相手）の助けになるか」を考えるようにしてみましょう。自分や誰かの苦しみに気づいたとき，和らげるために何が必要か，一度立ち止まって考えるようにしてみてください。

これらのスキルを日常生活の様々な場面で活用してみてください。少しずつ脳に変化が起こり，温かさや優しさ，勇気，強さといった感覚を感じ取れるようになっていきます。

● コンパッションの 3 つの方向性

コンパッションには 3 つの方向性があります。**自分へ，他者へ，他者から**，の 3 つです。3 つのコンパッションを持つ能力は，それぞれに影響しあいます。誰かに対してコンパッションを持つ力は，自分へコンパッションを持つ力につながります。誰かからのコンパッションを受け取る力は，別の誰かに思いやりを持ったり，自分を大切にすることにつながります。

これらの力を最大化するコツは**感覚に意識を向ける**ことです。コンパッションに触れたとき，自分にどんな反応が起こっているか，身体の感覚，感情，思考，記憶，行動などにどんな違いがあるか，確かめ，味わってみてください。

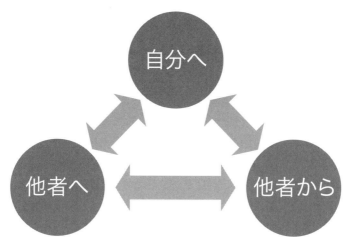

図 4-2　コンパッションの3つの方向

● コンパッションを持った自分の記憶

　ここではあなたの中にあるコンパッションを探ってみます。これまでの人生の中で誰かを助けた経験はあるでしょうか？　その時の体験を振り返ってみることで，あなたの内側にあるコンパッションに意識を向けてみます。自分が誰かを助けた場面ですから，どこか照れくさいような，恥ずかしいような感じもするかもしれませんが，とりあえず試してみましょう。

第 4 回　コンパッションと自分の記憶

エクササイズ

コンパッションを持った自分の記憶のイメージ

1. まずは呼吸法から始めていきましょう。リラックスして，堂々とした姿勢で，少しだけ微笑んだ表情を浮かべてみてください。

2. 困っていたり，苦しんでいる誰かを助けたり，優しさを示した時のことを思い出してください。心の中にそのシーンを描いてみてください。その人はどんな様子でどんなことを言っていたでしょうか？

3. その時の自分に意識を向けてみてください。困っていて，あるいは苦しんでいる相手を見て，どんな気持ちになったでしょうか。どんなことを考え，願ったでしょうか。身体はどんな感覚がしたでしょうか。
　その時の自分の中にある強さ，優しさ，関わりたいという願い，相手の事情を分かってあげようとする理性に意識を向けてみましょう。一つずつ，自分の中の感覚を確かめていってください。強さ，優しさ，願い，理性です。

4. その時のあなたの中にある「助けになりたい」という思いに意識を向けてください。その人が苦しみから自由になり，幸せに過ごすことをあなたは願っています。身体の中に広がる温かさに注意を向けてください。
　その時のあなたはどんな言葉を相手にかけるでしょうか。どんな声のトーンでしょうか。自分が言葉をかけているところをイメージするとどんな感じがするでしょうか。

　少しの間，自分の中のコンパッションに意識を向けて，しっかりと味わうようにしてみましょう。

　どうだったでしょうか？　難しいと感じたとしても，何の問題もありません。やってみての感想を何でもいいので，書き出してみてください。強さ，優しさ，温かさ，関わりたいという願いや事情を分かろうとする理性を感じたでしょうか？

```
┌─────────────────────────────────────────┐
│          コンパッションの記憶の感想          │
│                                         │
│                                         │
│                                         │
└─────────────────────────────────────────┘
```

　人によって感じやすい特徴も違いますし，すべての特徴を最初から感じることは難しいかもしれません。コンパッションを持つことに抵抗感を持つ場合，より難しく感じることもあるでしょう。ですがこのエクササイズはまぁ，そんなもんです。試してみることが一番大切です。

● 第4回振り返り

　第4回の内容は以上です。今日はついに自分の中のコンパッションに意識を向けてみてもらいました。そんなことを日常生活で意識することはなかなかないと思います。だからこその難しさがあるわけですが，その分価値がある挑戦だといえます。

　第4回の内容を通して感じたこと，考えたこと，疑問点などを書き出してみてください。感想ですから，正しいことも，間違ったこともありません。率直に書いてみてください。

```
┌─────────────────────────────────────────┐
│                                         │
│                                         │
│                                         │
│                                         │
│                                         │
└─────────────────────────────────────────┘
```

第 4 回の宿題

今回の宿題は次の 2 つです。

① コンパッションを持った自分の記憶のイメージ，安全な場所のイメージ，呼吸法
② コンパッションの観察と実験

今回も 1 週間，宿題に取り組み，その様子を振り返ってみてください。①については新しく学んだものを試していただきたいところですが，やれることをやるというのも大切なことです。何をするかはご自分の心で決めていただいて OK です。

②については，第 4 回の最初の方でも説明しましたが，生活の中でコンパッションを作ってみる実験だと思って取り組んでみてください。

大事なことは，あなたのコンパッションの感覚を探して，味わってみることです。今週もご自分の感覚を大切にしながら，取り組んでみてください。

呼吸法/イメージ記録シート（第　回）ID：

曜日	朝	昼	夜	感想・気づいたこと
月				
火				
水				
木				
金				
土				
日				

第4回　コンパッションと自分の記憶

コンパッション記録シート（第　　回）　ID：

曜日	朝	昼	夜	感想・気づいたこと
月				
火				
水				
木				
金				
土				
日				

第5回 コンパッションを持った自分と他者

　第5回の内容に入る前に，前回の振り返りをしましょう。内容について，感想や疑問点はあるでしょうか？

　第4回の宿題はどうだったでしょうか？　うまくいったように感じた点，いまいちだなと感じた点，こういう場合はどうしたらいいのかな？と疑問に思った点があれば教えてください。

```
コンパッションの記憶，安全な場所のイメージなどについて


コンパッションの観察，実験について
```

前回は自分がコンパッションを持った時の記憶を思い出し，イメージしてもらいましたがどうだったでしょうか？　自分が優しさや思いやりを持った時の記憶となるとどこか偉そうで気が進まないという方も結構おられます。ですが，コンパッションは特別なものではありません。自分や誰かがしんどいことに気づいてあげて，それに対して「何とかしてあげたい」と思ったり，ちょっとした手助けをしてあげる，素朴で身近なものです。清く正しく美しくある必要はまったくありません。あなたの中の素朴な感覚に気づいて，それをしっかりと感じ取ることを目標にしてください。

　これはコンパッションの観察や実験の宿題でも同じことです。今までとちょっとだけ違ったことを試してみますが，何か特別で崇高なことをするわけではありません。

　試してみた行動を振り返ったとき，コンパッションの感覚を感じることはできていたでしょうか？　その感覚をより感じるために，次はどんなことができそうでしょうか？

● コンパッションの役割

　第4回ではあなたがコンパッションを誰かに向けた記憶を思い出し，体験するエクササイズを紹介しました。今回はそこからさらに一歩進んで，コンパッションを持った自分と他者をイメージする練習をしてみます。

　私たちは自分の中に様々な側面を持っています。そして，怒り，恐怖・不安，悲しみ，恥，喜び，優しさなどどの側面が顔を出すかで，私たちの体験も変わります。

　もし勇気が必要であれば，勇気を持った側面を，優しさが必要であれば優しさを持った側面をその時々で引き出してあげれば，よりよい対処ができるようになります。そしてそれは，何が自分の助けになるかというコンパッションを持った状態とも言えます。

　コンパッションを持った状態の自分を真ん中に持ってくることで，それ

第 5 回　コンパッションを持った自分と他者

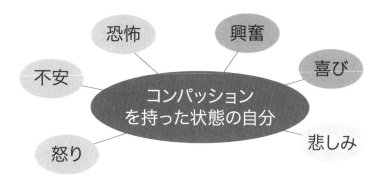

図 5-1　コンパッションと様々な感情の関係

ぞれの自分の感じていること，願っていることをちゃんと聞いてあげて，**自分に必要な行動**をとれるようになります。

● **コンパッションを持ったイメージのコツ**

　このあとコンパッションを持った自分，あるいは他者のイメージを練習していただきますが，いくつかのコツを紹介します。

1．好奇心をもって取り組む
　演じるようなつもりで，「どんなことが起こるだろうか？」と自分の感覚の変化を眺めてみましょう。

2．感覚に焦点を当てる
　イメージを試しているときの変化を，何が見えるか，聞こえるか，どんな声のトーンになるか，どんな行動や振る舞い，態度をとるかに意識を向けてみましょう。

3. どんな言葉を口にするか

コンパッションを持った自分はどんな言葉を苦しんでいる自分や他者にかけてくれるか，想像してみましょう。

4. 優しさ，強さ，理性，関わり

温かさを感じさせてくれるような優しさ，心強さを感じられる強さ，苦しみを分かってくれる理性を持ち，苦しみから逃げずに関わろうとしてくれます。それぞれの要素を一つずつ，イメージしていきましょう。最初は難しいものです。ですが，練習をしていくと少しずつ慣れていって，感覚がつかみやすくなっていきます。

優しさ，強さ，理性，関わりについてもう少し補足します。

1) 優しさ・温かさ
あなたに対して深い思い入れがある，あなたを助け，苦しみを取り除き，幸せになってほしいと心から願っている，優しさと誠実さを持ちあなたのことを受け入れてくれている。

2) 強さ
強いこころと勇気を持っている，苦痛や苦しみに圧倒されることなく，しっかりと耐えることができる。

3) 理性
あなたの苦しみとその事情を理解している，その中でも最善を尽くすしかないと知っている。

4) 関わり
批判や非難を決してしない，そのままのあなたを受け入れている，あな

たを助け，支えたいと心から願っている。

上記のことを念頭に置いて，この後のイメージの練習へと進んできましょう。

エクササイズ

コンパッションを持った自分のイメージ

　静かに落ち着ける場所に腰かけ，呼吸に意識を向けましょう。体が少しゆっくりとしてきたことを感じられたら，深いコンパッション，思いやりを持った自分をイメージしてみましょう。

　あなたが思い描くコンパッションのある人と同じ特徴を持った自分です。まず，コンパッションのある人間になりたいという願いと思いやりを持って考え，感じ，実行できるようになりたいという願いに意識を向けてください。次に，理性，強さ，温かさ・優しさ，関わりという4つの側面を持っている自分を，順にイメージしてみましょう。慣れてきたら，あなたが好きな順番でかまいませんが，今日は理性から始めていきます。

　理性をもった自分をイメージしてください。理性とは，私たちの人生，こころ，身体の特徴をしっかりと理解しているということです。苦しみには事情があり，自分のせいではないということがあなたの中に確かにあります（少し時間をとりましょう）。

　次に，強さと自分らしさを持っている自分をイメージしてください。自分の体の姿勢や表情に意識を向けてください。自信をもって，堂々とそこにいます。あなたは自分と他者の困難を理解し，それを価値判断するのではなく，しっかりと感じ，困難に耐える能力を持っています。

　次に，温かさ・優しさという特徴に意識を向けてみましょう。それは穏やかで親しみ深いものです。温かさと優しさをイメージしてみてください。口元は少し微笑んで，思いやりのある表情を浮かべてみてください。そしてその表情のまま，誰かに語り掛けているところをイメージしてください。あなたの言葉と声のトーンが相手に温かさを伝えてくれます。今，自分の中にどんな感覚があるでしょうか。

　次に，関わりの感覚をイメージしてみてください。あなたは非難や批判

> をせず，困難な状況にある自分や他者を助けるために最善を尽くしたいと願っています。苦しみを引き受けて，最善を尽くそうとしています。思いやりのある表情や温かさはそのまま，自分が思いやりのある生き方をし，成長しようとしています。
>
> 　あなたがこれらの特徴を持っていると感じられたかどうかではなく，これらの特徴を持った自分を「イメージしてみたこと」が重要です。あなたがそれらの特徴を持ち，しっかりとゆっくりと取り組んだことを心の中で感じてください。
>
> 　気が散ってしまったり意識をうまく向けることができず，ほんの少ししか感じられなかったかもしれません。ですがそれらはよくあることです。勉強しようとしたり習い事に取り組んでいる時と同じです。練習していくことでできるようになっていきます。

　どうだったでしょうか？　難しいと感じる人もいますので，うまくいかなかったと感じたとしても，何の問題もありません。実際にあなたがコンパッションをどれくらい持っているか，ということを，今は気にする必要はありません。もしも持っていたら，どんな感覚がするだろうか，どんな存在だろうか，ということをイメージしてみる練習です。

　やってみての感想を何でもいいので，書き出してみてください。どんなイメージが出てきたでしょうか？　出てきたイメージに対して，どんな感覚がしたでしょうか？　あるいは難しさを感じたでしょうか。

コンパッションを持った自分の感想

第 5 回　コンパッションを持った自分と他者

エクササイズ

コンパッションを持った他者のイメージ

　静かに落ち着ける場所に腰かけ，呼吸に意識を向けましょう。体が少しゆっくりとしてきたことを感じられたら，深いコンパッション，思いやりを持った他者をイメージしてみましょう。

　あなたの目の前に少しずつイメージができてきます。それは霧のようなものから始まるかもしれませんし，最初からはっきりと感じとれるかもしれません。これから言うことを聞きながらイメージをしてみてください。

　あなたを世話してくれる思いやりのある他者はどんな姿をしていますか？　年老いているでしょうか？　若いでしょうか？　男性でしょうか，女性でしょうか？　人間でしょうか，あるいは動物，海などでしょうか？

　あなたはどのように感じ，その姿が見えるでしょうか。どんな音が聞こえるでしょうか？　どんな声をしているでしょうか？　他に感じられることはあるでしょうか？　色や音はどうでしょうか？

　そのイメージはどのようにあなたに接してくれるでしょうか？　思いやりを持ったそのイメージは，どのようにあなたに関わり，優しくしてくれるでしょうか？

　あなたはそのイメージに対してどのように応えたいでしょうか？

　思いやりを持ったそのイメージは，心の底からあなたを苦しみから救い，困難に対処し，成功してほしいと願っています。そのイメージは我々が今ここにいて，自分という存在として生き，最善を尽くそうとしていることを知っています。

　私たちの人生は困難の連続で，感情があふれてしまうこともありますが，それは私たちが望んでそうなっているわけではないということも知っています。

　あなたを価値のある存在だと考え，無条件にあなたを助けようとしているその人の心，その感覚に意識を向けてください。思いやりを持った他者があなたを温かいまなざしで見つめています。

　そしてそれはあなたに対して，うまくいくように，幸せになりますように，苦しみから解放されますようにと，強く願ってくれています

　これらの特徴を持った他者を感じられたかどうかではなく，これらの特徴を持った他者を「イメージしてみたこと」が重要です。このエクササイ

> ズにしっかりと，ゆっくりと取り組んだことを心の中で感じてください。
> 　気が散ってしまったり意識をうまく向けることができず，ほんの少ししか感じられなかったかもしれません。ですがそれらはよくあることです。勉強しようとしたり習い事に取り組んでいる時と同じです。練習していくことでできるようになっていきます。

　どうだったでしょうか？　難しいと感じる人もいますので，何の問題もありません。コンパッションを持った他者は，必ずしも実在している必要はありません。どちらかというと，身近すぎる人はやめておいた方が良いかもしれません。日常生活の中でちょっとしたすれ違いが起こってしまうこともあるためです。人間である必要もなく，動物でもよいですし，自然のものでもかまいません（山，海，空など）。キリスト教圏の方だと神様をイメージしたりしますし，エベレストをイメージしている人もいました。日本人でも山登りが好きな人は富士山をイメージしたり，旅行好きな人が屋久島をイメージした人もいます。まぁ，何でもいいのです。あなたがコンパッションを感じることが大切です。

　さて，やってみての感想を書き出してみてください。どんなイメージが出てきたでしょうか？　出てきたイメージに対して，どんな感覚がしたでしょうか？　あるいは難しさを感じたでしょうか。

どちらの練習も最も大切なことはあなたが思いやりを感じ取ることです。正しいやり方はありませんので，自分の感覚を大切にしてください。うまくいくことも，うまくいかないこともあります。というか，正直，コンパッションを持った自分や他者のイメージはけっこう難しめの練習です。
　それでも少しずつ練習を続けていくことで，コンパッションの感覚をつかめるようになっていきます。焦る必要はありません。今，うまくいかない感覚があったとしても，それは理由があってのことで，何も問題はありません。大切なことは，どうしたら自分の助けになるかを考え，少しずつ進んでいくことです。

● 第5回振り返り

　第5回の内容は以上です。コンパッションを持った自分や他者のイメージを練習してもらいましたが，どうだったでしょうか？
　第5回の内容を通して感じたこと，考えたこと，疑問点などを書き出してみてください。感想ですから，正しいことも，間違ったこともありません。率直に書いてみてください。

● 第5回の宿題

今回の宿題は次の2つです。

① コンパッションを持った自分または他者のイメージ練習
② コンパッションの観察と実験

　今回も1週間，宿題に取り組み，その様子を振り返ってみてください。①についてはぜひコンパッションを持った自分や他者のイメージに取り組んでみてください。もし難しい場合は，呼吸法や場所のイメージを練習しましょう。
　②については，コンパッションの感覚を味わう場面を増やすために，生活の中にあるコンパッションを探したり，自分で作りだしてみましょう。コンパッションの感覚が出てくる場面が増えれば増えるほど，コンパッションを使って自分を助けることが簡単になっていきます。少しずつ，少しずつ，ご自分の体験を塗り替えていきましょう。
　大事なことは，**あなたのコンパッションの感覚を探して，味わってみる**ことです。今週もご自分の感覚を大切にしながら，取り組んでみてください。

第5回 コンパッションを持った自分と他者

呼吸法／イメージ記録シート（第　回）　ID：

曜日	朝	昼	夜	感想・気づいたこと
月				
火				
水				
木				
金				
土				
日				

コンパッション記録シート（第　回）ID：

曜日	朝	昼	夜	感想・気づいたこと
月				
火				
水				
木				
金				
土				
日				

第6回 コンパッションへの恐れ

　第6回の内容に入る前に，前回の振り返りをしましょう。内容について，感想や疑問点はあるでしょうか？

　第5回の宿題はどうだったでしょうか？　うまくいったように感じた点，いまいちだなと感じた点，こういう場合はどうしたらいいのかな？と疑問に思った点があれば教えてください。

コンパッションを持った自己と他者のイメージについて

コンパッションの観察，実験について

コンパッションを持った自分や他者をイメージしてみてどうだったでしょうか？　自分と他者のどちらをやった方が良いですか？と聞かれることが多いのですが，どちらでもやってみたいと思う方をやってみてください。海外だと8割くらいの人が自分のイメージの方がやりやすいようですが，日本人は他者の方がイメージしやすいようです。私たちが行った国際比較研究でも，日本人は他の国と比べても自己批判傾向が高いことも分かっているように，自分への接し方はけっこう文化差があるようです（Halamová et al., 2018）。

コンパッションの観察や実験もあなたがやってみたいと思うことをやってみましょう。ただし，自分の中にコンパッションの感覚が出てきているかどうかについては，しっかりと観察してください。迷ったら，コンパッションの感覚が出てきそうな方法ややり方を選ぶようにしてみましょう。そろそろコンパッションの実験も日常になって来たのではないでしょうか。

● コンパッションへの恐れ

コンパッションに取り組もうとすると，恐怖感や抵抗感が出てくる場合もあります。そうした反応をコンパッションへの恐れと呼びますが，過去の体験によって形作られたものと考えられています。

コンパッションのような心を落ち着かせ，安心する能力は，私たちがこれまでの人生でどんな体験をしてきたかに影響を受けます。特に，「苦しい時にどんな反応をされたか」，「温かさや愛情をどのように示されてきたか」は脅威システムや安心システムの育ち方に影響しています。

コンパッションへの恐れは，本当であれば優しくされたり，なぐさめてほしい時に脅威を強める反応をされることで生じます。子どものころの体験もそうですし，大人になってからもコンパッションへの恐れは育ってしまいます。

以下はコンパッションへの恐れを測定する心理検査です（Asano et al.,

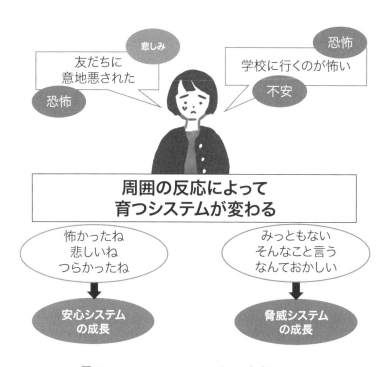

図 6-1　コンパッションへの恐れと脅威システム

2017)。コンパッションと同じように，自分へ，他者へ，他者からの 3 つの側面に分かれています。あなたはどれくらい当てはまっているでしょうか？

表6-1 自分へのコンパッションへの恐れ

■ 自分へのコンパッションへの恐れ
各文の内容が自分にどのくらい当てはまるか，その度合いを表す数字0～4の一つに○をしてください

		まったくあてはまらない				とてもよくあてはまる
1	私は自分にやさしくしたり，自分を許したりするような価値はないと思う。	0	1	2	3	4
2	自分にほんとうにやさしくしようと考えると悲しくなる。	0	1	2	3	4
3	自分にやさしいとか自分を思いやることがどういうことなのか，分かりたくもない。	0	1	2	3	4
4	自分にやさしくしようと思うと，ただむなしい気持ちになる。	0	1	2	3	4
5	自分に思いやりを感じ始めたら，喪失感や深い悲しみに押しつぶされそうでこわい。	0	1	2	3	4
6	自分にやさしく甘くなったら，人としての基準が下がってしまいそうで心配だ。	0	1	2	3	4
7	自分に対する思いやりが深くなれば，弱い人間になるのではないかと心配だ。	0	1	2	3	4
8	自分を思いやるようになりだしたら，いつもそうしてしまうのではないかと心配だ。	0	1	2	3	4
9	自分に対する思いやりの度がすぎると，批判的に自分を見なくなり，欠点がでてくると思う。	0	1	2	3	4
10	自分に対する思いやりが当たり前になると，自分がなりたくない人になってしまうと思う。	0	1	2	3	4
11	自分に対する思いやりが深くなりすぎると，人から受け入れられなくなると思う。	0	1	2	3	4
12	自分を思いやるより批判する方が，簡単だと思う。	0	1	2	3	4
13	自分に対する思いやりが深くなりすぎると，何か悪いことがおこりそうでこわい。	0	1	2	3	4

回答し終えたら，すべての質問の点数を足してみてください。

あなたの自分へのコンパッションへの恐れ得点は……　[　　]点

表 6-2　他者へのコンパッションへの恐れ

■ 他者へのコンパッションへの恐れ
各文の内容が自分にどのくらい当てはまるか，その度合いを表す数字 0〜4 の一つに○をしてください

		まったくあてはまらない				とてもよくあてはまる
1	私がやさしすぎる人間だとわかれば，人は私を利用しようとするだろう。	0	1	2	3	4
2	世の中には，思いやる価値のない人もいる。	0	1	2	3	4
3	思いやりが強すぎる人は，いいように利用されると思う。	0	1	2	3	4
4	寛大さや思いやりが強すぎると，人に利用されてしまう。	0	1	2	3	4
5	思いやり深いと，弱い人に取りまかれてしまい，しんどくなると思う。	0	1	2	3	4
6	もし私が思いやりのある人だと，私に頼りすぎる人もでてくると思う。	0	1	2	3	4
7	思いやりが深すぎる人は，弱く，利用されやすい。	0	1	2	3	4

回答し終えたら，すべての質問の点数を足してみてください。

あなたの他者へのコンパッションへの恐れ得点は……　　　　点

図 6-3　他者からのコンパッションへの恐れ

■ 他者からのコンパッションへの恐れ

各文の内容が自分にどのくらい当てはまるか，その度合いを表す数字 0〜4 の一つに○をしてください

		まったくあてはまらない				とてもよくあてはまる
1	人が示す温かさや思いやりは本物だろうかとたびたび考える。	0	1	2	3	4
2	人から優しくされると，何となく怖くなる。	0	1	2	3	4
3	人から親切にされたり思いやりを示されたりすると，不安や戸惑いを感じる。	0	1	2	3	4
4	友情や思いやりを示してくれる人が，私の欠点を知り，心変わりしてしまうのが怖い。	0	1	2	3	4
5	人にやさしくされると，その人との関係が近くなりすぎているように感じる。	0	1	2	3	4
6	やさしくされても，その人との関係に温かさを感じたりすることはほとんどない。	0	1	2	3	4
7	その人がやさしい人だと分かっていても，距離をおくようにしている。	0	1	2	3	4
8	やさしく世話してくれているとわかっていても，その人との間に壁を作る。	0	1	2	3	4

回答し終えたら，すべての質問の点数を足してみてください。

　　　　　　あなたの他者からのコンパッションへの恐れ得点は……　☐ 点

第 6 回　コンパッションへの恐れ

　ちなみに参考程度ではありますが，私たちの研究データ（一般大学生のデータ）では，自分へのコンパッションへの恐れの平均点は 19.66 点で，他者へのコンパッションへの恐れは 15.44 点，他者からのコンパッションへの恐れは 10.68 点でした。あなたの得点はどうだったでしょうか？

　ここまでの説明と心理検査の内容を踏まえ，コンパッションへの恐れについて考えたり，感じたことはあるでしょうか？

```
┌─────────────────────────────────────┐
│                                     │
│                                     │
│                                     │
│                                     │
│                                     │
└─────────────────────────────────────┘
```

　あなたが体験した「脅威を強める反応」はどのようなものだったでしょうか？　今のあなたにどう影響していると思いますか？

```
┌─────────────────────────────────────┐
│                                     │
│                                     │
│                                     │
│                                     │
│                                     │
└─────────────────────────────────────┘
```

● コンパッションへの恐れとの付き合い方

　コンパッションへの恐れは決して珍しいことではありません。克服していくためには次の2つの方法があります。

　一つ目の方法は，違和感があっても少しずつ取り組むことです。怖さや抵抗感があっても，コンパッションの練習を少しずつ続けていきます。ただし，あまりに強い感情が出てくる場合には，自分だけで続けていくことは困難です。専門家の助けが必要ですから，カウンセリングや心理療法の場で治療者と一緒に取り組むことをお勧めします。

　二つ目の方法は，恐怖感や違和感，抵抗感を理解することです。コンパッションへの恐れは今の自分にどんな影響を及ぼしているのか，どこで身に着けたやり方なのかを理解することで，対応策を考えていきます。詳しくは第7回でお伝えします。

　ひとまず今回は，以下のように自分に声をかけてみてください。

「私の中にコンパッションへの恐れが出てきたな」
「この感覚は何も間違ったことではないんだよ」
「何かしらの事情があって，起きていることで，私が悪いわけではない」
「今は練習を続けて，少しずつコンパッションを感じ取れるようになることを目指そう」

　練習を続けることで，自分を思いやり，大切にする能力は少しずつ育っていきます。焦らずに取り組んでいきましょう。

● コンパッションを持った自分や他者のイメージ

　第6回に取り組むエクササイズは前回と同様です．内容については，第5回の p.65 と p.67 を参照してください．

　こうしたイメージの練習を行う際に，「毎回同じイメージを練習したほうが良いのか」という質問や，「毎回違うイメージが出てきてしまうが問題ないか？」という質問をもらうことがよくあります．答えはどちらでもOKです．イメージ練習はあくまでも手段でしかありません．ですから，あなたがやりやすいように工夫をして，**自分にとって最善の方法**を見つけていきましょう．

　実際，どういうやり方が最善かというのは人によって全く違います．まさに千差万別です．もちろん治療者はコツやアイディアを皆さんに提案しますが，答えはご自分の中にあると思っていただいた方が良いです．あなたにとって**最善の方法はあなたの心と感覚が教えてくれます**．

● 第6回振り返り

　第6回の内容は以上です．内容としてはおおよそ第5回と同じものでしたが，いかがだったでしょうか？

　感じたこと，考えたこと，疑問点などを書き出してみてください．正しいことも，間違ったこともありません．率直に書いてみてください．

● 第6回の宿題

今回の宿題は前回と同じで，次の2つです。

① コンパッションを持った自分または他者のイメージ練習
② コンパッションの観察と実験

今回も1週間，宿題に取り組み，その様子を振り返ってみてください。どちらの練習も，ご自分の中にコンパッションの感覚が出てきているかどうかがカギです。感覚が出てきていればうまくいっていると言えますし，いまいち感じ取れなければ，より良い方法を模索していきましょう。自分を助けるための方法を探している最中なのだ，ということを忘れないでください。

今週もこれまでと同じように，シートへの記録をお願いします。

呼吸法／イメージ記録シート（第　回）　ID：

曜日	朝	昼	夜	感想・気づいたこと
月				
火				
水				
木				
金				
土				
日				

コンパッション記録シート（第　回）　ID：

曜日	朝	昼	夜	感想・気づいたこと
月				
火				
水				
木				
金				
土				
日				

第 7 回　脅威の仕組み図

　第 7 回の内容に入る前に，前回の振り返りをしましょう。内容について，感想や疑問点はあるでしょうか？

　第 6 回の宿題はどうだったでしょうか？　うまくいったように感じた点，いまいちだなと感じた点，こういう場合はどうしたらいいのかな？と疑問に思った点があれば教えてください。

コンパッションを持った自己と他者のイメージなどについて

コンパッションの観察、実験について

イメージの練習はどうだったでしょうか？　少しずつ慣れていって，感覚がつかみやすくなり，イメージが出てくるまでの時間が早くなっているかもしれません。そうであれば順調に進んでいる証です。まだそういった様子がなかったとしても，変化は少しずつ起こるものですから，焦らずに取り組んでいきましょう。

コンパッションの観察と実験も同様です。ちょっとずつコンパッションの感覚をつかみやすくなっているはずです。その感覚に意識を向けていきましょう。

● コンパッションへの恐れの機能

コンパッションへの恐れは自分を慰めたい時や，本来であれば優しく接するべき時に顔を出します。そして，慰めてもらいたい感情，恐怖や不安，悲しみなどの感情を否定して，安心システムの代わりに脅威システムのスイッチを入れてしまいます。コンパッションへの恐れは過去の体験によって作られることを紹介しましたが，今回は今の私たちにどんな影響を与えているのかを考えていきます。

コンパッションへの恐れは苦しさを大きくしてしまう厄介なものではありますが，**それを抱くことが悪いわけではありません**。コンパッションへの恐れを持つようになったやむにやまれぬ経緯がありますし，元々は私たちを守るために働いていたものだからです。

しかし，いつでもどこでも働いてしまうと困ってしまいます。やむにやまれぬ経緯を知り，今，どんな役割を果たしているのかを知ることで，どのように対処したらよいかが見えてきます。

図 7-1　感情の否定が生み出すコンパッションへの恐れ

● 脅威の仕組み図

　脅威の仕組み図は，私たちが脅威を感じているときに起こっていることを図にしたものです。なぜコンパッションへの抵抗感が生まれ，脅威の反応が育ってきたのか，それに対してどのように対応しているのか，結果として何が起こっているのか，ご自分の中で起こっているメカニズムを振り返ってみましょう。

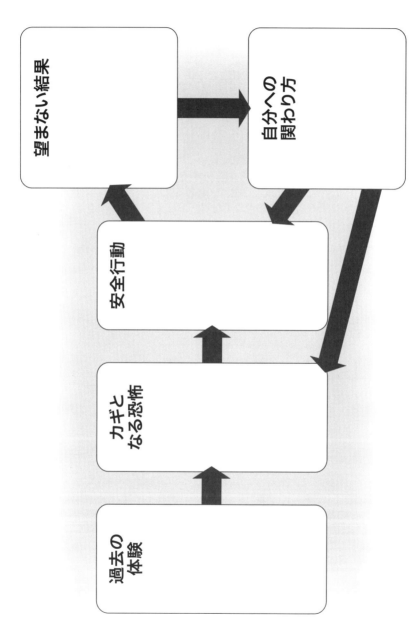

図7-2 脅威の仕組み図

■ 過去の体験

　子ども時代の家族，親，兄弟などとの関係，友人や恋人などとの関係の中で，脅威を大きく育てた体験，批判，支配，無視，差別，虐待，いじめ，パワハラなどの恥や自己批判を強めるような経験が当てはまります。

■ カギとなる恐怖

　過去の体験によって恐怖感が形成されます。対人関係で言えば，拒絶される，批判される，攻撃される，見捨てられることへの恐怖です。

　自分自身を無力である，魅力がない，不十分，不完全，おかしいと感じることへの恐怖が形成されることもあります。自分の感情が爆発してしまった経験をしていると，自分が感情に圧倒されることへの恐怖が形成されることもあります。形成されると書きましたが，自分の身体に染みこむといったイメージを持っていただくとよいかもしれません。

■ 安全行動

　カギとなる恐怖を体験することは誰にとっても，非常に恐ろしいことです。そのため私たちは自然と，それを感じないための努力をします。

　人と距離をとる，攻撃する，言いなりになることで，人間関係でカギとなる恐怖を感じなくて済むように行動します。

　自分に対しても完璧を求めて自分の不十分な点や欠点を必死に見つけようとします（完璧主義：「どこかにミスはないだろうか」）。また，失敗にこだわって自分を責め（自己批判：「こんな自分はダメだ」「もっとしっかりしろ！」），感情を見ないようにすることで，無力感や不完全である，コントロールできないという感覚を避けることができます。

■ 望まない結果

　上に書いたように，安全行動はカギとなる恐怖を一時的に避けることができます。しかし長期的には，自分が望んでいることと正反対のことが起こってしまいます。

　例えば，人から拒絶されたくないという恐怖があるときに人を避ければ，その恐怖から逃れることができます。ですが，それはあくまでも一時的で，

その場しのぎのものです。人と関わる機会が減るわけですから，長期的には対人関係が希薄になってしまい，表面的な関係となってしまいます。他者と良い関係を作るチャンスを失ってしまうわけです。

　無力感を避けるために完璧を求め，自分を責めている場合も同様です。完璧な人間は存在しませんから，必死に探せば誰にでも不十分な点や欠点を見つけることができます。本来であれば「まぁOKだな」と妥協できるようなことであっても，不十分で欠点があるように見えてきます。その結果，自分自身が不十分であるという感覚や無力感に襲われやすくなります。

　いずれも本当は避けたかったような状態，望まない結果に至ってしまうわけです。

■ 自分への関わり方

　人との関係が希薄で表面的になっていると，「自分には魅力がない」と自分を認識するようになります。人と関わる機会がなく，孤独感を募らせるわけですから，そう認識せずにいる方が難しいですよね。また，不十分で無力だという感覚を何度も味わっていれば，「自分は無力な存在だ」という自己認識が作られるのも自然なことです。

　そして私たちは自己認識に沿った関わり方を自分に対してするようになります。自分自身を，無力で魅力もなく，人間関係を持つことができない，価値のない存在として扱うようになるわけです。

　これが脅威の仕組み図で紹介したい内容です。

　過去の体験から作られたカギとなる恐怖が作られること，カギとなる恐怖を感じないようにするために安全行動が生じること，安全行動は望まない結果や自己への関わり方を生み出していることが分かります。そして皮肉なことに，カギとなる恐怖を避けようとする安全行動によって，かえってカギとなる恐怖が強まってしまうことが分かります。この悪循環が私たちの苦しみを維持し，強めてしまっているわけです。

　いかがでしょうか？　あなたにも心当たりがある内容だったでしょうか。こうした図をわざわざ作って，研究まで行っているということは，脅威の

仕組み図で起こるようなことは**多くの人に当てはまる**ということです。過去の傷ついた体験によって影響を受け，悪循環に陥ってしまうことはまったく珍しくないのです。

では図 7-3 の例を参考にして，あなた自身の図を図 7-2 に書き出してみましょう。こういう書き方が正しい，というものではなく，自分自身を振り返るために書き出してみるものです。ですから，「自分にはどんなことが起こっているのか」を知るためのステップだと思ってください。

また，脅威の仕組み図を書いてみることは多くの方にとって負担が大きい作業でもあります。今は難しいなと思った場合には，その感覚を尊重してください。無理に取り組む必要はありませんし，一人で取り組まなければいけないものでもありません。可能であればカウンセリングや心理療法の場で，治療者と一緒に取り組んでみてください。あるいは，取り組むべきタイミングが必ずやってきます。その時に取り組めれば良いのです。

コンパッションを高めることと脅威の仕組みについて，あなたが感じ，考えたことを振り返りましょう。

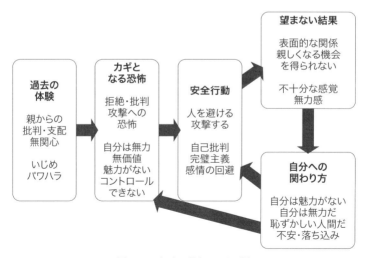

図 7-3　脅威の仕組み図の例

思いやりを持つことと脅威の仕組みは関係があると思いますか？　どのように関係しているでしょうか？　もし望まない結果が起こっているとすれば，どうなってほしいでしょうか？

脅威の仕組みを変えるための最善の方法は，安全行動を止め，逆の行動を少しずつ増やしていくという方法です。あなたの場合はどういう行動をとるとよいでしょうか？　行動を変えることへの抵抗感はありますか？

● 第 7 回振り返り

　第 7 回の内容は以上です。今日は脅威の仕組み図を紹介しましたが，どうだったでしょうか？　繰り返しになりますが，脅威の仕組み図には**取り組むタイミング**というものがあります。そしてそのタイミングはあなた自

身が（あるいはあなたの治療者と）決めることができるものです。「取り組まなければならない」と思った時ではなく，自分の心が「取り組みたい」と思った時に，取り組んでみてください。

では第7回の内容について，感じたこと，考えたこと，疑問点などを書き出してみてください。

● 第7回の宿題

今回の宿題は前回と同じく次の2つです。ですが，②はちょっとした工夫を追加で試してみてください。

① コンパッションを持った自分または他者のイメージ練習
② コンパッションの観察と実験
　（生活の中で安全行動が生じる場面があったら，コンパッションを持った行動に置き換えてみる）

今回も1週間，宿題に取り組み，その様子を振り返ってみてください。
①は前回と同様です。
②はこれまで，生活の中でのコンパッションを見つけたり，あえてコンパッションを行動に移すことを提案してきました。今回の脅威の仕組み図

を受けて，もしもあなたが安全行動をとっていることに気づいたら，その時の行動をちょっとだけ，コンパッションを持った行動に変えてみてください。もちろん，試そうとしても難しく感じることもあると思います。それでも OK です。大事なことは試してみること，試したことを振り返ることです。人を避けたり攻撃してしまいがちな場面で，相手にコンパッションを向けてみてください。あるいは，自分を責めてしまいそうなときに優しい言葉をかけてみてください。試そうとしたときにどんな感覚になるか，試してみた後でどうなるかを観察してみましょう。

　今週もこれまでと同じように，シートへの記録をお願いします。

第 7 回　脅威の仕組み図

呼吸法／イメージ記録シート（第　　回）　ID：

曜日	朝	昼	夜	感想・気づいたこと
月				
火				
水				
木				
金				
土				
日				

コンパッション記録シート（第　回）　ID：

曜日	朝	昼	夜	感想・気づいたこと
月				
火				
水				
木				
金				
土				
日				

第8回 自己批判の役割とコンパッション

　第8回の内容に入る前に，前回の振り返りをしましょう。内容について，感想や疑問点はあるでしょうか？　特に脅威の仕組み図についてはどうだったでしょうか？

```
┌─────────────────────────────────────┐
│                                     │
│                                     │
│                                     │
│                                     │
│                                     │
└─────────────────────────────────────┘
```

　第7回の宿題はどうだったでしょうか？　難しさや疑問を感じた点があれば教えてください。

```
┌─────────────────────────────────────┐
│ コンパッションを持った自己と他者のイメージについて │
│                                     │
│                                     │
│ コンパッションの観察，実験（安全行動を変えてみる）について │
│                                     │
│                                     │
└─────────────────────────────────────┘
```

イメージの練習はどうだったでしょうか？ （自分も含めた）誰かをケアする感覚はつかめているでしょうか。痛みを感じた時にケアをするということは，私たちが日常生活の中で自然とやっていることです。特別なことと思いすぎずに，自分の自然な感覚を大切にするようにしてください。

そして安全行動についてはどうだったでしょうか？ 「これが安全行動かも」と思ったとしてもその行動を変えることは難しかったかもしれません。理由は簡単で，こうした行動はすでに私たちのお決まりのパターンになっていることが多いためです。

そうせざるを得ない状況が一定期間続き，そのやり方が私たちの中に染みこんで，今となっては当たり前のように自分を責め，人を避けてしまっています。つまり，安全行動をとっているのもちゃんと理由と事情があるのです。そもそも，そのやり方が今も役に立っているのであれば，変える必要もないかもしれません。今の自分に必要なことなのか，別の行動を試してみる価値がありそうかをいったん立ち止まって考えてみて，それから決めてもいいわけです。

● 自己批判の役割

自己批判は安全行動の一つでもありますが，今回はその機能を考えていきます。自己批判は社会的関係を損なわせたり，落ち込みをさらに強めたり，カウンセリングの効果を下げることなどが心理学の研究からわかっています（Lear et al., 2020; Ethret et al., 2015; Löw et al., 2020）。

自己批判にはいくつかのやり方があります（表8-1）。人と比べるやり方を社会的比較と言います。自分よりもできている人を見つけて，できていない自分にダメ出しをします。起こった出来事を自分のせいにしてしまうやり方は個人化です。たとえ自分にはどうにもできないことでも，個人化をすることで自分を責めることができます。最後はラベリングです。自

表8-1　自己批判の形と現れ方

自己批判の形	自己批判の現れ方
社会的比較	人と比べて劣っているところを責める 「自分はAさんよりもできない」 「私は人よりも劣っている」
個人化	なんでも自分のせいにして責める 「うまくいかないのは私のせいだ」 「あの人が怒っているのは私が悪いからだ」
ラベリング	自分を決めつけて批判する 「私はバカだ」 「私は怠け者だ」 「私は落ちこぼれだ」

分にレッテルを貼ることで簡単に自分を責めることができます。

　また，こうした自己批判はいくつかの目的のために用いられます。一つ目は，不満を感じたから攻撃する「イライラ系」です。これはその名の通り，不満を感じた時にそのイラ立ちを発散するための自己批判です。二つ目は，自分を改善するために批判する「自己修正系」です。これは自分をより良くするためには自分を責める必要がある！という，信念のようなものを持っている方に多いです。自分を高めていくためには責めなければいけないという思い込みともいえるかもしれません。三つめは自分を傷つけるために攻撃する「自己嫌悪系」です。これは自分が嫌い，気に入らない，罰したいという願望が背景にあります。

　いずれの自己批判も，理想の自分と現実の自分のギャップに落胆して起こるものと言われています。この時，落胆した気持ちに気づかないまま，自分を攻撃してしまうこともよくあります。失敗することへの恐怖，うまくいかなかった悲しさ，怒り，自分への軽べつといった感情が自己批判を引き起こしています。こうした感情に耐えることができないとき，自己批判が顔を出すわけです。そのため，感情に耐える力がつくと，自己批判は

減少していきます。

　そして自己批判は虐待，ネグレクト，いじめ，競争的な環境，承認を勝ち取らねばならない状況（無条件では受け入れてもらえない状況ともいえます）などによって育っていきます。こうした経験は私たちに，「この環境は安全ではないよ」というメッセージとなり，恥や自己批判といった感情を生じさせます（恥＝他者から仲間外れにされる恐怖）。

　社会的に安全でない環境は私たちの脅威のスイッチを入れます。さらに，安全でない環境で生き抜くために，私たちは対処しようとします。その対処の一つとして，「自分を向上させるため」，「自分を修正するため」に自己批判が用いられ，「自己批判は自分に必要だ」という価値観につながっていきます。その価値観は長い年月をかけて私たちの中に染みこんで，自分を批判することや厳しく接する態度が私たちのアイデンティティになってしまいます。

　さて，ここで質問です。あなたの自己批判は何の役に立っているでしょうか。自己批判はあなたをどのように助けてくれているでしょうか？

　もしも自己批判をやめたら，あなたはどんな自分になってしまうでしょうか？　周囲の人はそんなあなたをどう思うでしょうか。どのように扱われるでしょうか。

第 8 回　自己批判の役割とコンパッション

```
自己批判をやめた私は……



周囲の人はそんな私を……
```

● 自己批判のイメージ

　次の図は自己批判の役割を確認してみるためのシートです。図 8-1 の「自己批判をやめた自分（そうなることを恐れている自分）」の欄に，p.101 の「自己批判をやめた私は……」の欄に書いた内容を書き写してみましょう。私たちは自己批判をやめた自分になることを恐れ，自分を責めているためです。
　次に，自分を責めている自分は，どんな見た目で，どんな表情をしているか。どんな声のトーンで，どんな言葉をかけてくるかを書き出してみてください。できそうであれば，目を閉じてイメージしてみるとよいです。イメージをしながら，自己批判をしている自分は，自分に対してどんな感情や感覚を持っているか，意識を向けてみてください。イメージが終わったら，図 8-1 に書き足していってください。最後に，自己批判について書き出してみて，どんな感じがするか，なんでも感想を書いてみてください。
　脅威システムが大きくなっているので，自己批判は自動的に生じることが非常に多いです。改めて書き出してみることで発見があるかもしれません。

| 自己批判をやめた自分（そうなることを恐れている自分）： |||

自己批判をイメージしてから，以下の空欄を埋めていきましょう

自己批判をしている自分の表情，見た目：	自分にかけてくる言葉と声のトーン：	自分に対する感情：

| 書き出してみて，自分が感じていること： |||
| | | |

図 8-1　あなたの自己批判の様子

　今度は，コンパッションのやり方を検討してみましょう。シートに書き出す前に，コンパッションを持った自分か他者のイメージをして，コンパッションの感覚を連れてきてあげましょう。イメージを終えたら，図 8-2 のシートに書き出していきましょう。

　まず，コンパッションを持った自分や他者はあなたにどうなってほしいと願っているでしょうか？　一番上の欄に書き出してみてください。そして，そのイメージの表情や見た目，声のトーンや言葉をイメージしてみて

第 8 回　自己批判の役割とコンパッション　　　　　　　　　　　　　　　*103*

コンパッションを持った自分や他者があなたに願っていること：		
イメージの表情, 見た目：	自分にかけてくる言葉と声のトーン：	自分に対する感情：
書き出してみて，自分に対して考え，感じていること：		

図 8-2　あなたのコンパッションの様子

ください。そのイメージはあなたに対してどんな感情を持っているでしょうか。

　最後に，一番下の欄に書き出してみての感想を書いてみてください。

　今，自己批判の場合とコンパッションの場合，それぞれについてシートに書き出してみました。両方のシートを見比べてみてください。

　どんな違いがあるでしょうか？　両方のシートを見て，あなたが感じたこと，考えたことを教えてください。

● 第 8 回振り返り

　第 8 回の内容は以上です。自己批判を持ったやり方とコンパッションを持ったやり方をイメージも交えながら，振り返ってみました。実は，自己批判のシートの一番上に書いた内容と，コンパッションのシートの一番上に書いた内容が共通していることがけっこうよくあります。同じことを願っているのに，やり方はずいぶん違っているわけです。それぞれのやり方を見比べて，今のあなたに必要なことはどういうやり方なのか，どうしてあげることが自分の助けになるのかを考えてみてください。

　では今回の内容を通して感じたこと，考えたこと，疑問点などを書き出してみてください。正しいことも，間違ったこともありません。率直に書いてみてください。

● 第8回の宿題

今回の宿題は次の3つです。

① コンパッションを持った自分または他者のイメージ練習
② コンパッションの観察と実験
　（生活の中で安全行動が生じる場面があったら，コンパッションを持った行動に置き換えてみる）
③ 自己批判の観察（自己批判とコンパッション日記）

①と②は前回と同じものです。

③は，一週間の中で自分を責めてしまったとき，どんな言葉をどんな声のトーンで自分にかけたか，書き出してみてください。そのときの感情と身体感覚も意識してみましょう。そしてそれが自分の役に立ったかどうかも振り返ってみましょう。まずはあなたの自己批判を生活の中で観察してみてください。「コンパッションの声」と「感情と感情の変化」の欄は空欄で結構です。もしも何か書いてみようかな，と思った時には書き込んでみてください。

どの宿題も今週もこれまでと同じように，シートへの記録をお願いします。

呼吸法／イメージ記録シート（第　回）ID：

曜日	朝	昼	夜	感想・気づいたこと
月				
火				
水				
木				
金				
土				
日				

第 8 回　自己批判の役割とコンパッション

コンパッション記録シート（第　回）　ID：

曜日	朝	昼	夜	感想・気づいたこと
月				
火				
水				
木				
金				
土				
日				

自己批判とコンパッション日記（第　回）ID：

いつ/どこで/何が	自己批判の声（言葉・トーン・表情）	感情と感覚	コンパッションの声	感情と感覚の変化

第9回 自己批判からコンパッションへ その1

　第9回の内容に入る前に，前回の振り返りをしましょう。内容について，感想や疑問点はあるでしょうか？　自己批判とコンパッションにはどんな違いがあったでしょうか？

　第8回の宿題はどうだったでしょうか？　難しさや疑問を感じた点があれば教えてください。

コンパッションを持った自己と他者のイメージについて

コンパッションの観察，実験（安全行動を変えてみる）について

自己批判の観察について

イメージについてはこれまで同様に，コンパッションの感覚を感じられる方法を続けていきましょう。コンパッションの観察と実験もできそうなところから，自分や誰かにコンパッションを向ける機会を増やしていってください。ストレッチのようなもので，やればやるほど，あなたの脳が反応しやすくなって，コンパッションを感じやすくなっていきます。

自己批判の観察はどうだったでしょうか？　どんな状況でどんな自己批判が出てきて，あなたにどんな影響を及ぼしたでしょうか。自己批判は自然に出てくるものですので，自分でも気づかないうちに「私が悪い」という感覚に襲われていたかもしれません。

● 自己批判とコンパッション

前回，自己批判がなぜ私たちの中にあるのか，それはどんな願い・目的を持っているのか，結果としてどんなことが起こってしまうのかを考えてみました。

自己批判にも役割があり，自分を批判することで「こうなってほしい」という**願いが背景にあります**。ですが，自分を批判することで自信を失ってしまったり，手ごたえを感じられなくなり，「こうなってほしい」という願いから遠ざかってしまうことも珍しくありません。特に，メンタルヘルスの不調が起こっているときに自己批判が起こると，回復や社会復帰が阻害されてしまいます。

そこでこのプログラムでは，自己批判をしている自分に対して理解を示し，彼ら／彼女らの願いを踏まえたやり方を提案しています。「こうなってほしい」という自分の願いに近づくために，より助けになるためにコンパッションを使っていく方法です。

コンパッションを使うとき，**自己批判をしてしまう自分を悪者にする必要は全くありません**。自己批判が生じてしまうのは，脅威システムが自動的に働いてしまうからですし，脅威の仕組み図で学んだようにそれなりの

第9回　自己批判からコンパッションへ　その1

理由と意味があります。ある意味では自然で仕方のないことです。

　そして自然で仕方のないことではありますが，どうすれば自分の助けになるのか，自分にとってより良いやり方を考えていきましょう。自己批判が持っている「こうなってほしい」という願いを引き受けながら，でも脅威システムに左右されずに，自分自身の助けになる方法を考えていくのが，コンパッションを持ったやり方です。

　改めてここで，自己批判のやり方とコンパッションを持ったやり方を振り返ってみましょう。それぞれの特徴とあなたが感じたことを書いてみてください。

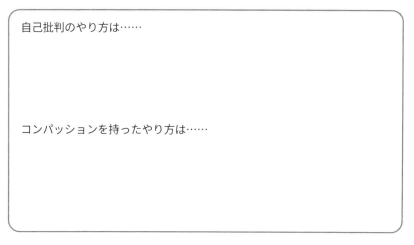

● 自己批判からコンパッションへ

　自己批判は心の声として，私たちがつらい思いをしているときに顔を出します。そんな時，コンパッションを持った自分や他者から声をかけてあげる練習を紹介してみましょう。

　第9回では，前回の宿題の中から自己批判をした場面を取り上げて，コ

ンパッションを持った自分から声をかけてみましょう。ひょっとしたら前回の宿題の中ですでに試してみた方もいたかもしれません。なにしろ新しいやり方ですから，最初は難しいかもしれません。ですが，少しずつ少しずつ，自分の助けになる方法を身に着けていきましょう。

　まずは状況と，その時に出てきた自己批判の声を書き出してみましょう。そしてその時にどんな感情や感覚が出てきたかを振り返ってみてください。よろしければ，その時の感情の強さも0～100で記入してみてください。

　そこまで書けたら一旦，呼吸法に取り組んで脅威システムを小さくしてあげてください。そして，コンパッションのイメージを始めてください。安心システムを大きくしてから，コンパッションの声の欄に，コンパッションを持ったイメージがなんと語り掛けてくれているかを書いてみましょう。最後にその声を受けてあなたがどう感じたかを書いてみましょう。先ほど書いた感情の強さも0～100で書き出してみてください。

状況	自己批判／恥の声	感情	コンパッションの声	感情の変化

図9-1　自己批判の声とコンパッションの声

● 第9回振り返り

　第9回の内容は以上です。今日は自己批判に対してコンパッションを使ってみる方法を紹介しました。前回，自己批判とコンパッションの機能を比べてみましたが，自分を助けてあげるためのより良い方法として，このやり方を試してもらえると嬉しいです。
　では今回の内容を通して感じたこと，考えたこと，疑問点などを書き出してみてください。正しいことも，間違ったこともありません。率直に書いてみてください。

● 第9回の宿題

　今回の宿題は次の3つです。

① コンパッションを持った自分または他者のイメージ練習
② コンパッションの観察と実験
　（生活の中で安全行動が生じる場面があったら，コンパッションを持った行動に置き換えてみる）
③ 自己批判とコンパッション日記

①と②はこれまでと同じものです。③は，前回のシートと同じですが，今回試してみたように，自己批判にコンパッションで対抗してみてください。うまくいくことも，うまくいかないこともあるかもしれません。ですが，今までと違った新しいやり方ですから，それも当たり前です。少しずつ，少しずつ，試して身に着けていきましょう。これまでと同じくシートへの記録をお願いします。

コラム

　自己批判とコンパッションについてより理解したい場合には，チェアワークと呼ばれる方法もあります。この方法は，治療者と一緒に取り組んでいただくことをお勧めしますが，簡単なやり方だけ紹介したいと思います。

　片方の椅子には自己批判をしている自分を座らせて，もう一方の椅子には，コンパッションを持った自分に座ってもらいます。あなたは両方の椅子を行き来しながら，それぞれの立場から思いや意見を伝えていきます。

　治療者がガイドしながら，自己批判とコンパッションの対話を進めていくことで，自己批判が何を望んでいるのか，そのためにコンパッションの視点からどんなことができるかを考えていくことができます。

呼吸法／イメージ記録シート（第　　回）　ID：

曜日	朝	昼	夜	感想・気づいたこと
月				
火				
水				
木				
金				
土				
日				

コンパッション記録シート（第　回）　ID：

曜日	朝	昼	夜	感想・気づいたこと
月				
火				
水				
木				
金				
土				
日				

第9回 自己批判からコンパッションへ その1

自己批判とコンパッション日記（第　回）ID：

いつ/どこで/何が	自己批判の声（言葉・トーン・表情）	感情と感覚	コンパッションの声	感情と感覚の変化

第10回 自己批判からコンパッションへ その2

　第10回の内容に入る前に，前回の振り返りをしましょう。内容について，感想や疑問点はあるでしょうか？

```
┌─────────────────────────────────────┐
│                                     │
│                                     │
│                                     │
│                                     │
│                                     │
└─────────────────────────────────────┘
```

　前回，私たちの中から出てくる自己批判の声に対して，コンパッションを持った自分や他者から声をかけてみるという宿題をお願いしました。コンパッションを持った視点から声をかけることが難しかった場面も，うまくできた場面もあったかもしれません。

　あるいは，コンパッションを持った自分や他者からの言葉を書き出すことはできても，それがしっくりこないということもあります。ここでは，記録を見返して，その時の体験について，振り返ってみましょう。自己批判をコンパッションに置き換えようとしたとき，どんなことが起こったでしょうか？　難しさや疑問を感じた点があれば教えてください。その他の宿題についても何かあれば書き出してみてください。

```
┌─────────────────────────────────────────────────────────┐
│                                                         │
│  コンパッションを持った自己と他者のイメージなどについて │
│                                                         │
│                                                         │
│                                                         │
│  コンパッションの観察，実験（安全行動を変えてみる）について │
│                                                         │
│                                                         │
│                                                         │
│  自己批判とコンパッション日記                           │
│                                                         │
│                                                         │
│                                                         │
└─────────────────────────────────────────────────────────┘
```

● 自己批判からコンパッションへ

　自己批判は心の声として，私たちがつらい思いをしているときに顔を出します。そんな時，コンパッションを持った自分／他者から声をかけてあげましょう。自己批判をした場面を宿題の記録の中から取り上げて，コンパッションを持った声を試してみてください。イメージをする時間もしっかりととって，シートに書き出してみてください。重要なのは，あなたの中に生じてくるコンパッションの感覚です。

第10回 自己批判からコンパッションへ その2

状況	自己批判／恥の声	感情	コンパッションの声	感情の変化

● 第10回振り返り

　第10回の内容は以上です。引き続き，自己批判に対してコンパッションを使って対抗してみてください。

　では今回の内容を通して感じたこと，考えたこと，疑問点などを書き出してみてください。正しいことも，間違ったこともありません。率直に書いてみてください。

● 第10回の宿題

今回の宿題は前回と同じ次の3つです。

① コンパッションを持った自分または他者のイメージ練習
② コンパッションの観察と実験
　（生活の中で安全行動が生じる場面があったら，コンパッションを持った行動に置き換えてみる）
③ 自己批判とコンパッション日記

　コンパッションを感じ取るための練習を続けて，少しずつ生活の中でも活用していきましょう。では，これまでと同じくシートへの記録をお願いします。

第10回 自己批判からコンパッションへ その2

呼吸法／イメージ記録シート（第　回）　ID：

曜日	朝	昼	夜	感想・気づいたこと
月				
火				
水				
木				
金				
土				
日				

コンパッション記録シート（第　回）　ID：

曜日	朝	昼	夜	感想・気づいたこと
月				
火				
水				
木				
金				
土				
日				

第10回　自己批判からコンパッションへ　その2

自己批判とコンパッション日記（第　回）　**ID**：

いつ／どこで／何が	自己批判の声（言葉・トーン・表情）	感情と感覚	コンパッションの声	感情と感覚の変化

第11回 コンパッションの手紙

　第 11 回の内容に入る前に，前回の振り返りをしましょう。内容について，感想や疑問点はあるでしょうか？

　第 10 回の宿題はどうだったでしょうか？　特に，自己批判をコンパッション置き換えようとしたとき，どんなことが起こったでしょうか？
　難しさや疑問を感じた点があれば教えてください。

自己批判とコンパッション日記について

コンパッションを持った自己と他者のイメージなどについて

コンパッションの観察，実験（安全行動を変えてみる）について

脅威の仕組み図で振り返っていただいたように，自己批判の声は私たちの心の中に強く根付いているものです。ですが，人生のあるタイミングでは私たちを守るために存在してくれていたものでもあります。**悪者にする必要は全くありません。**

必要なことは，今の自分の助けになるかどうかを冷静に判断することです。今のあなたにとって，自己批判が助けになっているのか，もしそうでなければ，別の方法を試してみる価値があるということです。そしてこのプログラムでは代わりの方法として，コンパッションを使ったやり方を紹介してきました。

第11回では，コンパッションを使ったもう一つのやり方として，手紙を使ったエクササイズを紹介したいと思います。

● コンパッションの手紙

コンパッションに意識を向けたときの感覚，支えられ，助けられているという感覚や思考に焦点を当てながら，自分への手紙を書いてみましょう。苦しみ，困っている自分に理解を示す手紙を書いてみることで，安心システムを活性化させることができます。心理学の研究では，感情を書き出すことは精神的健康を改善することが明らかになっています（Pennebaker & Beall, 1986）。

論理的に書くよりも，感覚を頼りに書いてみることが大切です。コンパッションのイメージを持ったまま書き出すことで，その感覚を形にすることができます。

手紙を書く前に，コンパッションを持った自分をイメージしてみましょう。あなたがなりたいと思う，温かさ，優しさ，強さ，勇気，理性を持った自分です。その時の表情，声のトーン，感情，感覚に意識を向けてみましょう。そして，もし自分と同じような状況の人がいたらどんな言葉をかけるか，イメージしてみてください。実際にそうであるかどうかは問題で

はありません。あなたが「こうありたい」と願う，理想の姿に意識を向けていきます。

● コンパッションの手紙を書くコツ

手紙を書くにあたって，いくつかのコツをご紹介します。

■ 苦痛を感じている自分を受け入れ，理解を示し，伝える

「私はあなたが今，○○で苦しんでいることを知っています」
「ですが，それはあなたが悪いわけではなく，〜ということがあって苦しい思いをしていることは自然なことです」
「落ち込んだり，恐怖を感じたりすることは自然なことです」

■ 苦しんでいる立場に理解を示しつつ，どうやって最善の対処をするか，何が役に立つかを伝える

「今の苦しい状態の中で，□□するのはとても難しいことです。今のあなたはそんな中でも，少しでも何とかしたいと思い，△△に取り組もうとしています。そんな自分をもう少しだけ，認めてあげてほしいのです。私はいつもあなたの味方です」
「べき〜」ではなく「してほしいと願っています」と書く
「そうすることで，あなたが少しずつ，○○できるようになることを私は願っています」

■ 生活の中でコンパッションを活かす方法を書く

「自分を大切にするための時間として，○○してみませんか」

■ スモールステップで書きだし，自分が動くのを助ける

「まずは□□することから始めてみませんか？ 無理をする必要はありません。自分のペースでまず始められそうなことから試してみてほしいのです」

> ■ あなたが勇気づけられ，支えられていると感じられるような方法や
> アイディア，言葉がけを書く
> 　「△△することは，今のあなたにとっては本当に勇気がいることだと思います。とても不安に感じるかもしれません。でも私は，あなたがここまで，苦しみながら本当に頑張ってきたことを知っています。もし戸惑うことがあっても，焦る必要はないし，あなたのここまでのがんばりが無くなるわけではありません」
> 　「あなたは決して一人ではありません。いろいろな人の助けを借りて，少しずつ進んでいけばいいのです」
> 　「たとえ苦しくなったとしても，その時に少し休んで，また取り組んでいけばいいのです」

　何をしたらいいかわからなければ，とりあえず思いつく手段を書き出してみましょう。誰かにアイディアを出すのを助けてもらっても良いです。

　それでは早速，手紙を書いてみましょう。と言いたいところですが，もしよければ，その下準備として，コンパッションの手紙を書くためのレターセットを買いに出かけてみてください。あなたが大切な思いを込めて書く手紙ですから，あなたの感覚とセンスで素敵なものを選んでみてください。
　もちろん手元にある紙に書いてもらってもけっこうです。ただし，書き上げた手紙は大切にとっておくものだということを覚えておいてください。自分へのメモ書きではなくて，コンパッションを持った自分が，今，ここで生きている自分に対して書く，大切な手紙だということを覚えておいてください。

● コンパッションの手紙の例

　いくつかコンパッションの手紙の例をご紹介します。書き出す前に見てもらってもよいですし，自分で手紙を書いてから見ていただいても結構です。コンパッションの手紙は，あなたの中のコンパッションが書いてくれる手紙で，あなただけのものですが，こうした例を見てみることもけっこう参考になります。

手紙の例1　勇気をもって生きる私へ

> 今の私は，外に出られず，働けない状況に苦しんでいます。心身ともに辛い日々を送っているのは事実です。でも，それは私が悪いからではありません。ただ，タイミングが悪かっただけ。そんな自分を責めることなく，もう少しだけ認めてあげたいと思っています。
> コンパッションや生活改善に取り組んでいる私を，もっと褒めてあげたい。少しずつでも，前を向けるように努力している自分を誇りに思うべきです。
> まずは，庭に少しだけ出てみることから始めようと思います。無理のない範囲で，自分のペースを守りながら。戸惑うこともあるかもしれませんが，焦る必要はありません。これまでの私の頑張りは，決して無駄にはなりません。
> いつか，また苦しい時期が来ても大丈夫。少し休んで，また立ち上がればいいのです。
>
> そして，未来の私へ。
> あなたは今，どんな気持ちでいるでしょうか？　もし，虚無感に包まれているのなら，そろそろ自分を解放してあげましょう。
> これまでの人生は，決して平坦なものではありませんでした。それでも，

あなたは多くの試練を乗り越えてきました。迷い，苦しみ，時には自分を見失いかけたとしても，あなたは決して一人ではありません。

私は，あなたのすべての感情を受け止めます。喜びも悲しみも，怒りも後悔も。それらすべてが，今のあなたを作っているのです。
あなたは，自由です。どんな道を選ぶのも，あなたの決断です。私は，どんな時でもあなたを応援しています。
どうか，自分を大切にしてください。そして，これからも自分らしく生きてください。

手紙の例2　笑顔で過ごす未来の私へ

生きているのが辛くて，何度も消えてしまいたいと思ったあの頃の私へ。
よくここまで生きてきたね。苦しい日々の中，本当に頑張ったね。
小さい頃から「お母さんが一番辛い」という言葉に縛られ，自分の気持ちを押し殺して生きてきたよね。
夜中に泣いたり，一人で抱え込もうとしたり，本当に辛かっただろう。
でも，あなたは悪くないんだよ。
学校では，お金がなくて必要なものが買えなかったり，アルバイトをたくさんして頑張ったり。
大人になってからも，親との関係に悩んだり，自分自身を責めたり。
本当にたくさんのことを乗り越えてきたね。
あなたは，とても強い人だよ。

「あなたは親の期待に応えようとして，自分の気持ちを我慢してきたんだね」と言われたことがあったね。
その言葉は，きっとあなたの心に深く残ったはず。
でも，あなたは決して悪くない。あなたは，ただ子どもだっただけなん

だ。

そして，今の私へ。
あなたは，過去の経験からたくさんのことを学んできたね。
辛い経験も，悲しい経験も，すべてが今のあなたを作っている。
あなたは，もう一人じゃない。
自分を大切にして，自分の気持ちを大切にしてあげてね。
子どもたちは，少しずつ巣立っていく。
それは寂しいことかもしれないけれど，あなたもまた，新しい一歩を踏み出す時が来ている。
今まで頑張ってきたあなただから，きっと幸せになれる。
これからの人生は，あなたが決めること。
自分の心に正直に生きていこう。
あなたが笑顔で過ごせるように，心から願っています。

手紙の例3　自由に楽しく生きる私へ

未来の私へ
元気にしてますか？　少し疲れていませんか？
幼い頃からたくさんの傷を負い，いつも頑張り屋さんのあなたは，今，どうしているかな？
人間関係で苦労したり，自分のことをよくわからなかったり，そんな時期が長かったよね。でも，あなたはいつも前を向いて，一生懸命生きてきた。
手に職をつけようと頑張って，自分自身と向き合おうとしたこと，本当に素晴らしいことだと思う。
結婚して，家事を一生懸命こなしてきたけれど，もっと自分自身を大切にしてあげることが大切だって気づいたね。

今は，過去のことを考えて苦しんだり，未来のことを考えて不安になったりしているかもしれない。でも，それはあなたのせいじゃないよ。
周りの環境や，これまでの経験があなたをそうさせているだけなんだ。

自分をもっと大切にしてあげよう。
まずは，寝る前に３分間ストレッチをすることから始めてみよう。
無理はしないで，自分のペースで。
体を動かすことは，心も元気にしてくれるはずだよ。

もっと自由に生きてみよう。もっと気楽に考えてみよう。
そうしたからといって，ダメな人間なんて思う必要は全くないよ。
あなたは，素晴らしい人間なんだ。

自分自身をもっと好きになってね。
そして，楽しい人生を送ってね。

　これらの手紙は今まで書いていただいた手紙を参考に創作したものですが，みなさんがコンパッションの手紙を書く際の参考になれば幸いです。

第11回　コンパッションの手紙

● 手紙を書きづらいなと感じた時

ここまで手紙について紹介してきましたが，書きづらさを感じることもあります。もしそうであれば，その書きづらさについて振り返ってみましょう。

どんなところに書きづらさを感じますか？　書きづらさを表現しようとしたとき，どんな言葉が浮かびますか？

書きづらさを感じた時には，以下のことを再確認することをお勧めします。

- 感情を認めること
- 自分を責めず，批判しないこと
- 困難と付き合い，苦しい感情に対処する方法は学ぶことができること

感情は私たちの持つ一つの側面ですから，思いやりを持って認めてあげましょう。ネガティブな感情も私たちの一部です。感情はあなたを悪い人間にしているわけではなく，困難な状況に対処しようとしている努力の結果です。**対処しようと努力している自分を責める必要は全くありません。**

そしてあなたは人生の中で起きた困難や苦しい感情への付き合い方を学

んでいくことができます。このプログラムはまさにそのために存在していますし，あなたはこのプログラムと向き合い，取り組んできてくれました。その勇気を尊重してあげてください。

そして，ゆっくり，優しく呼吸をして，安心システムを大きくしてあげてください。温かい感覚，ゆっくりとした感覚を取り戻すことができます。あなたの中に自然と出てくるその感覚を味わいながら，「どうすれば自分の助けになるか」を意識して，「助けたい」という誠実な願いに触れてみてください。

その感覚を携えながら，手紙を書いてみてください。

● 手紙を書き終えたら

手紙を書き終えたら，できる限りの温かみを持ってゆっくりと読み上げてみてください。声を出して読んでみることで，自分の中のコンパッションをより確かな形で感じ取ることができます。治療者と一緒に取り組んでいる方は，カウンセリングや心理療法の中で手紙を読み上げてみてください。

読んでいるときの心と身体の感覚を味わいながら，大切に読んであげましょう。きっとそこにはあなたのコンパッションが詰まっています。

どうだったでしょうか？　ではコンパッションの手紙に取り組んだあなたの体験を振り返っていきましょう。

書いている最中，書き上げたとき，声にして読み上げてみたとき，どんな感覚がしたでしょうか？　手紙は優しく，あなたの助けになるものになっていたでしょうか？

手紙は何度書き直しても OK ですし，新たに書いてみても OK です。

よろしければ，書きあがった手紙について，治療者と話し合ってみてください。自分が手紙という形にしたコンパッション，あるいはコンパッションに対する難しさ（書きづらさ）について話し合ってみましょう。

● 第 11 回振り返り

第 11 回の内容は以上です。今回はあなたの中のコンパッションを形にする方法として，手紙を書いてみました。

今回の内容を通して感じたこと，考えたこと，疑問点などを書き出してみてください。

● 第 11 回の宿題

　今回の宿題は次の 4 つです。多くてごめんなさい。ですが，新しいものは④だけです。

　① コンパッションを持った自分または他者のイメージ練習
　② コンパッションの観察と実験
　③ 自己批判とコンパッション日記
　④ コンパッションの手紙を読んでみる or 書いてみる

　①，②，③は前回までと同じように取り組んでみてください。
　④は，手紙が書けた方は一週間の中で読んでみる機会を作ってみてください。もうちょっと書いてみたいな，という方はぜひぜひもう一度書いてみてください。もちろん何通書いていただいても OK です。手紙を書くことを通して，コンパッションの感覚を意識できますし，その感覚を形にすることができます。形になっていれば，ピンチの時にまた読んでみることもできます。構えすぎずに，試してみるつもりで，書いたり読んだりをしてみてください。
　①，②，③については，これまでと同じように，シートへの記録をお願いします。

第11回　コンパッションの手紙

呼吸法／イメージ記録シート（第　　回）　ID：

曜日	朝	昼	夜	感想・気づいたこと
月				
火				
水				
木				
金				
土				
日				

コンパッション記録シート（第　回）　ID：

曜日	朝	昼	夜	感想・気づいたこと
月				
火				
水				
木				
金				
土				
日				

第 11 回　コンパッションの手紙

自己批判とコンパッション日記（第　回）ID：

いつ／どこで／何が	自己批判の声（言葉・トーン・表情）	感情と感覚	コンパッションの声	感情と感覚の変化

第12回 プログラムの振り返りと今後の計画

　第 12 回の内容に入る前に，前回の振り返りをしましょう。内容について，感想や疑問点はあるでしょうか？

　第 11 回の宿題はどうだったでしょうか？　コンパッションの手紙を書こうとしたとき，書いている最中，書き終わったとき，読み上げたとき，それぞれどんなこと感覚があったでしょうか？

```
自己批判とコンパッション日記について

コンパッションを持った自己と他者のイメージなどについて

コンパッションの観察，実験（安全行動を少し変えてみる）について

コンパッションの手紙について
```

● **プログラムの振り返り**

　プログラムは今回で終了となりますので，これまで取り組んできたことを振り返ってみましょう。

第1回　厄介な脳とマインドフルネス
第2回　3つの円のモデルと呼吸法
第3回　様々な感情を持った自分，安全な場所のイメージ
第4回　コンパッションと自分の記憶
第5回　コンパッションを持った自分と他者
第6回　コンパッションへの恐れ
第7回　脅威の仕組み図
第8回　自己批判の役割とコンパッション
第9回　自己批判からコンパッションへ　その1
第10回　自己批判からコンパッションへ　その2
第11回　コンパッションの手紙

　それぞれの内容について，特に印象に残っているものはあるでしょうか？　特に興味を持ったところや，難しさを感じたところはあったでしょうか？

● コンパッションとあなたの願い

　ここまでコンパッションについて学び，生活の中に様々な形で取り入れる方法を紹介してきました。最終回ということで，これから先のことを考えてみたいと思います。次のそれぞれの質問について，今のあなたが感じること，考えることを書き出してみてください。

- ■ これからどんな自分になっていきたいですか？
  （何を目標にして，どんなことを大切にしたいか）

- ■ 目標に近づくためにコンパッションはどのように役に立つでしょうか？

- ■ コンパッションがある自分はどんな人間でしょうか？

- ■ コンパッションを持った自分は自分のことをどのように考えて（感じて）いるでしょうか？

- ■ コンパッションを持った自分は，他者のことをどのように考えて（感じて）いるでしょうか？

- ■ 困難に直面したとき，コンパッションを持った自分はどのように対応するでしょうか？

- ■ コンパッションを持った自分になるためには何が助けになるでしょうか？

- ■ コンパッションを持った自分はどのように人生を生きようとしているでしょうか？

- ■ その生き方でどんなものを得ているでしょうか？

- ■ コンパッションを持ったあなたが，今の自分に言葉をかけるとしたら，どんな言葉をかけてくれるでしょうか？

　書き出した内容を振り返ってみて，どのように感じるでしょうか。もしよければ，治療者と話し合ってみてください。お一人で取り組んでいる方は，ぜひご自分で読み返してみてください。そしてその時に，どんな感覚

がするかに意識を向けてみましょう。

● コンパッション・プランの作成

　このプログラムを通してあなたが学んだこと，取り組むことで起こした変化，これから取り組みたいことなど，あなたが何かしらを得てくださっていたらとてもうれしいです。そしてあなたが得たものが，これからのあなたの人生を助けてくれることを心から願っています。

　しかし，私たちはピンチの時に，様々な手段や工夫，自分の努力や頑張りを忘れてしまうようにできています。せっかく学んだこと，得たことであっても**「ここぞ」という場面で忘れたままになってしまう**のです。

　なぜかというと，やはり脅威システムが働いています。大きくなった脅威システムは，自分への労いやポジティブな感情，自分を助けようとする姿勢を覆い隠してしまいます。それを防ぐためには，私たちが自分を助けるための工夫や仕掛けを**わざわざ用意して，準備を整えておく**必要があります。

　次のページから紹介するものは，ピンチの時に自分を助けるための手段やアイディアをリスト化するためのものです。基本的にはこのプログラムで紹介したものを一番左の欄に書いていますが，オリジナルの方法も見つけているかもしれません。その場合には，空欄のところに書き足してあげてください。そして，その手段がどんな時に役に立つか，どうすれば忘れずにいられるかを書き出していきます。例も記載されていますから，そちらを参考にしながら，ご自分のリストを作成してみてください。

コンパッション・プランの例

	どんなときに役に立ちますか？	忘れないための工夫 生活に組み込む方法
マインドフルネス・呼吸法	毎朝，出かける前に。 脅威システムを小さくしてから外に出る。	朝食を食べ終えて歯を磨く前に行うように決めてみる。
安全な場所のイメージ	外出先で不安になったとき（電車に座れた時などに行う）。 誰か人と会う前に気持ちを落ち着けておく。	スマホの待ち受けを自分が好きな景色（筑波山の写真）にしておく。
コンパッションを持った他者・自分のイメージ	何か困りごとが起こって，気持ちがしんどくなった時。どう対処したらいいかわからなくなった時。自分がどうしたいか，今どうするのが良いかを確かめるために行う。	しんどいことがなくても寝る前にイメージの練習をしてみる。
コンパッションのこもった手紙	どうしたらいいかわからなくなるくらい，辛いことがあったときに読み返す。 毎月1日に読んでみる。たまに書いてもみる。	部屋の書類棚の目につくところにしまっておく。
これまで取り組んだエクササイズの記録用紙	年に1回，年末頃に読んで振り返る。 復職してしばらくたった時に読み返してみる。 しんどい時も頑張ったな，と思えたら。	ファイルに入れて本棚に入れておく。
コンパッション・プランのシート	練習を習慣にできるように，コピーして目立つところに貼る。	今日のうちにいくつか貼ってしまう。 机の前，玄関など。
コンパッションの他者をイラストにしたもの	言葉ではないけれど，どこか安心する。 目にすることで，気持ちを切り替えられたら。	写真を撮ってスマホの待ち受けにしてみる。

第12回　プログラムの振り返りと今後の計画　　　　　149

あなたのコンパッション・プラン

	どんなときに役に立ちますか？	忘れないための工夫 生活に組み込む方法
マインドフルネス・ 呼吸法		
安全な場所の イメージ		
コンパッションを 持った他者・自分 のイメージ		
コンパッションの こもった手紙		
これまで取り組ん だエクササイズの 記録用紙		
コンパッション・ プランのシート		

ここまで続けてきたコンパッションに関する取り組みを続けることができれば，きっとあなたの心が望む方向に進んで行けます。しんどい時，ピンチの時に自分を助けてあげることは，簡単ではありません。ですが，不可能なことでもありません。その助けになるリストとなっていることを願っています。

● 第12回振り返り

　第12回の内容は以上です。今回はこれまでのプログラムを振り返り，あなたが進みたい方向について，コンパッションの視点から考えてみてもらいました。そして，コンパッションを続けるための手段を考えて，リスト化してみました。**大切なことは続けること**です。続けるための一番の方法は，歯磨きのように習慣化してしまうことですから，できそうな手近なことを細々とでも続けてみてください。

　ではいつものように，今回の内容を通して感じたこと，考えたこと，疑問点などを書き出してみてください。

プログラムを終えて

　以上でこのプログラムはすべて終了です。週に 1 回，全 12 回で構成されたプログラムですが，長く感じたでしょうか？　短く感じたでしょうか？

　元々，訓練を受けた治療者と一緒に取り組む形で作られたものですから，お一人で取り組んできた方は難しい場面もたくさんあったのではないかと思います。ご自分で取り組むプログラムをセルフヘルプと呼びますが，セルフヘルプにご自分で取り組もうとすることは，まさにコンパッションがなければできないことです。ご自分の感じている苦しみを見つめ，認め，その状態を何とかしたいという願いをもって取り組んでくださったと思います。うまくいった部分もいかなかった部分もあったかもしれませんが，取り組まれたという事実，それ自体を心から尊敬します。そしてあなたの毎日が少しでも幸せで，大切な時間になっていってくれることを心から願っています。

　治療者と取り組んでくださった方はどうだったでしょうか？　実はカウンセリングにも相性というものがありますので，こちらもやはりうまくいかなかったり，難しい場面があったかと思います。それについては，本当にごめんなさい。決してあなたの治療者が悪いわけではなく，私たち研究者が訓練システムを確立できていないことが原因だと思っています。これから私たちの研究チームは，効果的な訓練についても研究を進め，このプログラムをもっと多くの人たちが受けられるよう，努力していきたいと思います。

　何事もうまくいくこともあれば，うまくいかないこともあります。そしてそれは誰のせいでもありません。誰のせいでもないというのも，気持ちの行き場がなくて，本当はなかなか納得できないのですが，きっとそれが真実なんだろうと思います。人生はろくでもないな，と心から思いますが，

それでも何とかやっていけたら，何か見えてくるものがあるんじゃないかなと思いながら，このプログラムを開発し，効果の検証を行ってきました。これからも同じような苦しみと付き合いながら，同じようなことを続けていくのだろうと思いますが，続けていくことに意味があると思い込もうと思います。

　皆さんのこのプログラムへの取り組みも続けてみていただけたら嬉しいです。では，またどこかで！

引用文献

有光興記 (2014). セルフ・コンパッション尺度日本語版の作成と信頼性,妥当性の検討. 心理学研究, 85(1), 50-59.

Asano, K., Tsuchiya, M., Ishimura, I., Lin, S., Matsumoto, Y., Miyata, H., ... & Gilbert, P. (2017). The development of fears of compassion scale Japanese version. *PloS one, 12*(10), e0185574.

Ehret, A. M., Joormann, J., & Berking, M. (2015). Examining risk and resilience factors for depression: The role of self-criticism and self-compassion. *Cognition and Emotion, 29*(8), 1496-1504.

Halamová, J., Kanovský, M., Gilbert, P., Troop, N. A., Zuroff, D. C., Hermanto, N., ... & Kupeli, N. (2018). The factor structure of the forms of self-criticising/attacking & self-reassuring scale in thirteen distinct populations. *Journal of Psychopathology and Behavioral Assessment, 40*, 736-751.

Lear, M. K., Luoma, J. B., & Chwyl, C. (2020). The influence of self-criticism and relationship closeness on peer-reported relationship need satisfaction. *Personality and Individual Differences, 163*, 110087.

Loew, C. A., Schauenburg, H., & Dinger, U. (2020). Self-criticism and psychotherapy outcome: A systematic review and meta-analysis. *Clinical psychology review, 75*, 101808.

Pennebaker, J. W., & Beall, S. K. (1986). Confronting a traumatic event: toward an understanding of inhibition and disease. *Journal of abnormal psychology, 95*(3), 274.

■この本で紹介したエクササイズの資料

以下のサイトにて,この本で紹介したエクササイズの音声などを聞いていただくことができます。

https://note.com/ka_cbt_lab/m/mc91bca321096

あとがき

　コンパッションというものは結局のところ何なのだろうと考えながらこの本の原稿を準備していました。行き詰っていましたが，The Birthdayの「誰かが」という曲がたまたま流れてきて，「あぁ，これだな」と腑に落ちました。あれやこれやと議論はされていますが，コンパッションというものは実は非常にシンプルな感覚なんだと思います。

　本書の執筆にあたり，研究に参加してくださった皆様に心よりお礼申し上げます。お手伝いできた部分もあったかもしれませんが，それ以上に私たちの力が足りなかった部分がたくさんあったなと感じています。だからこそこれからが大事だと思っています。

　そして研究チームのメンバーにも心からの感謝を。日本女子大学の川﨑直樹さんには大きなことから小さなことまで，迷った時にたくさんのことを相談させてもらいました。東京経済大学の寺島瞳さんには，その寛大さと大らかさ，そして鋭さに何度も助けてもらいました。大学院時代の先輩方と一緒にこういう研究をできる未来がやってくるとは全く思っていませんでした。本当にありがとうございます。藤里紘子さんも忙しい中で研究に参加してくれました。この縁をくださった小玉正博先生にも心よりお礼申し上げます

　そして，永江亜紗さん，本郷由貴さんには迷子になってしまう中年たちのシナプスを何度も繋ぎ直してもらいました。お二人がいなければこの研究は間違いなく頓挫していたと思います。ありがとうございました。宮崎友里さん，高橋りやさんにも助けてもらいました。本当にありがとうございました。

　研究の場を提供してくださった認知行動療法センターの堀越勝先生，久我弘典先生，伊藤正哉先生にも心からお礼申し上げます。NCNNP病院の平林直次先生からは何度も励ましの言葉をかけていただきました。三

田村康衣先生，伊藤愛先生，日吉史一先生，今村扶美先生，出村綾子先生，川原可奈先生にもたくさんのご支援をいただきました。本当にありがとうございました。
　いつも CFT の研究を快く助けてくれる Paul Gilbert 博士，僕の心のスーパーバイザーでもある中川彰子先生，Chris Irons 博士にも心よりお礼申し上げます。
　岩崎学術出版社の長谷川純さんには曖昧な企画の段階から真摯に相談に乗っていただきました。自分が愛読してきたたくさんの本と同じように，岩崎学術出版社さんから出版ができること，改めてお礼申し上げます。

　最後に，いつも支えてくれている妻と娘に心からの感謝を。

著者略歴

浅野憲一（あさの　けんいち）

筑波大学人間系心理学域教授。

博士（心理学）。公認心理師。臨床心理士。
日本認知・行動療法学会認知行動療法スーパーバイザー。
Postgraduate Certificate in Compassion Focused Therapy (University of Derby).

　筑波大学大学院人間総合科学研究科を修了したのち，東京成徳大学応用心理学部，千葉大学子どものこころの発達教育研究センター，目白大学心理学部を経て現職。
　認知行動療法の実践と研究に取り組む中で，自己批判や恥へのアプローチに着目し，ダービー大学準修士課程にてコンパッション・フォーカスト・セラピーを学ぶ。現在は精神科領域にて，コンパッション・フォーカスト・セラピーや認知行動療法の効果研究と治療者養成に取り組むほか，コンパッションや小児逆境体験，ハラスメント被害に関する調査研究を行っている。

安心感をはぐくむ心の手当ての練習帳
―自己批判に対するCFT（コンパッション・フォーカスト・セラピー）プログラム―
ISBN978-4-7533-1257-3

著　者
浅野　憲一

2025年4月18日　第1刷発行

印刷・製本　（株）太平印刷社

発行所　（株）岩崎学術出版社　〒101-0062 東京都千代田区神田駿河台3-6-1
発行者　杉田　啓三
電話 03 (5577) 6817　FAX 03 (5577) 6837
ⓒ2025　岩崎学術出版社
乱丁・落丁本はおとりかえいたします　検印省略

体験的コンパッション・フォーカスト・セラピー
R・L・コルツほか著　浅野憲一監訳
〈実践から内省への自己プログラム〉ワークブック

体験的スキーマ療法
J・M・ファレル／I・ショウ著　伊藤絵美／吉村由未監訳
〈実践から内省への自己プログラム〉ワークブック

体験的CBT
J・ベネット-レヴィほか著　佐々木淳監訳
〈実践から内省への自己プログラム〉ワークブック

スキーマ療法の「確実な実践」エクササイズ
W・ビヘイリーほか著　伊藤絵美／吉村由未訳
ロールプレイによるスキルトレーニング

不安・心配と上手につきあうためのワークブック
D・A・クラーク／A・T・ベック著　大野裕監訳
不安症対策の決定版，待望の第2版

リカバリーを目指す認知療法──重篤なメンタルヘルス状態からの再起
A・T・ベック著　大野裕／松本和紀／耕野敏樹監訳
ベックが最後に示した認知療法の新境地

うつ病の反すう焦点化認知行動療法
E・R・ワトキンス著　大野裕監訳
患者の情報処理スタイルに変容をもたらす治療マニュアル

「心の力」の鍛え方──精神科医が武道から学んだ人生のコツ
大野裕著
ストレスに負けない強い心を身につける

認知行動療法と精神分析が出会ったら──こころの臨床達人対談
藤山直樹／伊藤絵美著
両流派のエッセンスと忌憚のないディスカッション